La nutrizione secondo l'Ayurveda

Guida a un'alimentazione consapevole

Mata Amritanandamayi Center, San Ramon
California, Stati Uniti

La nutrizione secondo l'Ayurveda
di Nibodhi Haas e Gunavati Gobbi

Pubblicato da:
   Mata Amritanandamayi Center
   P.O. Box 613
   San Ramon, CA 94583
   Stati Uniti

——————— *Ayurvedic Nutrition - Italian* ———————

© 2008 Mata Amritanandamyi Mission Trust, Amritapuri, Kerala 690546, India

Tutti i diritti riservati. Ogni riproduzione, archiviazione, traduzione o diffusione, totale o parziale, della presente pubblicazione, con qualsiasi mezzo, con qualsiasi scopo e nei confronti di chiunque, è vietata senza il consenso scritto dell'editore.

Prima edizione a cura del MA Center: agosto 2016

In Italia: www.amma-italia.it

In India:
   inform@amritapuri.org
   www.amritapuri.org

Le informazioni in questo libro non intendono diagnosticare, trattare, curare o prevenire nessuna malattia o disturbo. Hanno solamente uno scopo educativo.

È nostra sincera preghiera che questo libro possa essere utile al lettore, all'umanità e a Madre Natura. Che possa recare salute e felicità. Qualsiasi beneficio derivato da queste informazioni è dovuto all'infinita grazia e compassione di Amma e alla saggezza degli antichi Rishi (saggi-veggenti). Qualsiasi errore nel testo è responsabilità degli autori. Questo libro è offerto ai piedi di loto del nostro adorato Satguru, Sri Mata Amritanandamayi.

Indice

Introduzione	5
Equilibrare la dieta	9
Determinazione della prakriti: la tua costituzione individuale	11
Dieta per armonizzare vata	13
Dieta per armonizzare pitta	15
Dieta per armonizzare kapha	18
Tabella di combinazione dei cibi	20
Acidità e alcalinità	21
Cibo biologico	24
L'acqua: fonte della vita	27
Attivare e rivitalizzare il cibo	29
Allergie alimentari comuni	29
Latticini sani e alternative ai latticini	38
Cosa c'è nel tuo piatto?	40
Mangiare in modo dharmico	52
Porre fine alla fame nel mondo	58
Esaurire le risorse	60
Vitamine e nutrienti	63
I prodotti per la cura del corpo e per la pulizia della casa	68
Digiuno e salute	72
Consigli alimentari durante il panchakarma	74
Mangiare con consapevolezza	77
Uso terapeutico del cibo	82
Conclusioni	88
Letture consigliate	90

Introduzione

"Il medico ayurvedico inizia a curare la malattia prescrivendo la dieta che il paziente deve seguire. I medici ayurvedici confidano così tanto nell'alimentazione da sostenere che tutte le malattie possono essere curate seguendo attentamente le regole alimentari abbinate ad adeguati integratori a base di erbe. Se un paziente, tuttavia, non osserva la dieta, neanche cento medici esperti potranno curarlo".
– Charaka Samhita 1.41

La salute e la felicità sono nutrite e mantenute da un cibo e da un atteggiamento appropriato. Le antiche culture e scuole di guarigione avevano capito che la salute fisica ed emotiva è condizionata in modo significativo dalle nostre scelte alimentari. Cibi naturali, preparati con amore e consapevolezza, assicurano la salute del corpo e della mente. Cibi impregnati di pensieri negativi o sostanze tossiche, come agenti chimici, coloranti, conservanti e additivi, indeboliscono gli organi. Il consumo di cibi nocivi pone l'organismo in uno stato di stress e si ripercuote sul piano emotivo. La medicina cinese mette in relazione la rabbia con un fegato intossicato, mentre il dispiacere è associato ad affezioni polmonari. La naturopatia ci mostra come le allergie alimentari spesso provocano apatia, inerzia e anche depressione.

La scienza dell'ayurveda insegna come una giusta alimentazione sia fondamentale per una buona salute. L'ayurveda classifica il corpo in tre tipi costituzionali o *dosha*: *vata*, *pitta* e *kapha*. Il termine *vata* si riferisce agli elementi dell'aria e dell'etere, *pitta* al fuoco e all'acqua e *kapha* è correlato con l'acqua e la terra. In base alle loro proprietà, anche gli alimenti si suddividono in tre categorie: alimenti *tamasici* (pesanti/inattivi), *rajasici* (irritanti/stimolanti) e *sattvici* (leggeri/puri). Mangiando cibi *tamasici*, *rajasici* o *sattvici* le loro qualità intrinseche influenzeranno il corpo e la mente. Seguendo anche orientamenti diversi si giunge alla stessa conclusione: siamo letteralmente ciò che mangiamo.

Le linee guida della dieta ayurvedica sono studiate per riequilibrare i dosha, condizione essenziale per mantenere la vitalità fisica, la salute a livello emotivo e la pace della mente. Le diete ayurvediche sono personalizzate e si basano sulla costituzione di ciascuno. Ogni individuo è formato da combinazioni uniche di elementi e di dosha, ed anche i requisiti alimentari variano

Introduzione

da persona a persona. Nello scegliere i cibi più appropriati bisognerà considerare la costituzione, la stagione, le condizioni climatiche, il momento del giorno, le proprietà dell'alimento, così come l'atteggiamento mentale ed emotivo prima di un pasto. Quando ingeriamo del cibo, partecipiamo al processo creativo della natura. Attraverso i cibi che scegliamo possiamo rivitalizzare o indebolire il corpo.

Come mangiamo è importante tanto quanto cosa mangiamo. Se ci sentiamo emotivamente disturbati mentre mangiamo, il cibo potrebbe turbare l'armonia del corpo. Mangiando troppo o troppo velocemente, il cibo non sarà digerito correttamente, predisponendoci all'insorgere di malattie. Mangiare tranquillamente e con un senso di gratitudine favorisce il benessere e l'armonia del corpo.

Seguire una dieta ayurvedica non è difficile. Per ogni cibo che aggrava particolari dosha, ce ne sono molti altri benefici, saporiti e riequilibranti. Ascoltando cosa realmente accade nel nostro corpo, sorgerà il desiderio di nutrirsi di cibi più naturali e semplici. Comportamenti alimentari scorretti derivano spesso da condizionamenti passati legati alla famiglia, agli amici, alla società e possono essere sostituiti facendo scelte che favoriscono il nostro benessere. Semplici cambiamenti nella nostra dieta possono talvolta trasformare radicalmente il nostro stato di salute.

Le nostre preferenze alimentari condizionano l'intera vita. Scegliere cibi sani è uno dei migliori strumenti a nostra disposizione per creare corpi forti e menti equilibrate, onorando Madre Natura e rispettando tutte le sue creature. Vi esortiamo ad una maggiore consapevolezza dell'impatto che tali decisioni esercitano su di voi e sulla Terra. Che queste informazioni possano accrescere la comprensione e il desiderio di nutrirci con cibi sani, rendendo così questi corpi veicoli migliori per servire ed espandere la coscienza.

Equilibrare la dieta

L'Ayurveda concepisce il corpo in base a modelli costituzionali e le indicazioni proposte tengono conto della diversità di ognuno. L'Ayurveda sostiene l'esistenza di forze elementari che influenzano la natura e gli esseri umani. L'universo è composto di cinque macro elementi: etere, aria, fuoco, acqua e terra. Tutta la creazione è una danza o un gioco di questi cinque elementi che, interagendo tra loro, creano i tre *dosha* (le costituzioni fisiche *vata*, *pitta* e *kapha*). La parola *dosha* in realtà significa "impurità" o "squilibrio". I dosha sono responsabili dei processi biologici, psicologici e fisiologici nel nostro corpo, nella nostra mente e nella nostra coscienza. Quando sono in armonia, i dosha mantengono il nostro equilibrio. Ognuno di noi, in proporzioni diverse, è costituito dai tre dosha.

I benefici derivanti dal nutrirsi secondo i propri dosha (costituzione) sono:
- Salute e memoria migliori, mantenimento dello stato giovanile
- Maggiore energia, resistenza e forza
- Attenuazione degli squilibri esistenti
- Prevenzione degli squilibri
- Maggiore capacità nel gestire stress e ansia
- Sonno e concentrazione migliori
- Migliore digestione, metabolismo ed evacuazione
- Pelle e carnagione più sana
- Rallentamento del processo di invecchiamento
- Generazioni future più sane
- Rafforzamento del sistema immunitario
- Peso corporeo adeguato
- Miglioramento della qualità della meditazione e delle pratiche yoga

La seguente tabella vi aiuterà ad individuare il vostro/i dosha predominante/i. Ricordate che questo è un quadro molto generale. Il modo migliore per determinare il vostro dosha e la vostra dieta ideale è quello di consultare un medico ayurvedico qualificato.

Determinazione della prakriti: la tua costituzione individuale

Aspetto	Vata	Pitta	Kapha
Mente	veloce, agitata	acuta, aggressiva	calma, costante, stabile
Memoria	a breve termine	buona	a lungo termine
Emozioni	paura, insicurezza	rabbia, irritabilità	attaccamento, avidità
Pensieri	mutevoli	generalmente costanti	costanti
Concentrazione	breve	sopra la media	lunga
Sogni	paurosi, agitati	violenti, appassionati	deboli, calmi
Sonno	leggero, disturbato	sonoro, medio	profondo, lungo
Modo di parlare	rapido, dispersivo	chiaro, veloce, incisivo	lento, chiaro, dolce
Voce	acuta, debole	media	bassa
Corporatura	sottile	media	grande
Peso corporeo	scarso	moderato	elevato
Pelle	secca, ruvida	soffice, oleosa	compatta, oleosa
Tipo di capelli	secchi	normali	grassi
Colore dei capelli	scuri/chiari	rossi/grigi	marroni, neri

La nutrizione secondo l'Ayurveda

Denti	sporgenti, storti	medi, fragili	grandi, forti
Occhi	piccoli, secchi, vivaci	acuti, penetranti	grandi, attraenti
Appetito	scarso, variabile	forte	costante
Malattie ricorrenti	disturbi nervosi, dolori	relazionate al calore	ristagno di muco
Sete	variabile	eccessiva	leggera
Feci	secche, dure, stipsi	oleose, soffici	oleose dense, molli,
Attività	molto attiva	moderata	lenta
Resistenza	normale	buona	alta
Forza	normale	sopra la media	eccellente
Pulsazione	serpente, debole, filiforme	rana, a tratti irregolare	cigno, lenta
Totale:	**Vata:**	**Pitta:**	**Kapha:**

Le diete stabilite in rapporto ai dosha intendono armonizzare i dosha nel corpo e si basano sulla costituzione personale e sugli squilibri del momento. Se ad esempio si hanno caratteristiche dominanti o malattie o sintomi correlati al dosha vata, è consigliabile seguire una dieta che lo riequilibri. Ricordate che queste sono linee guida generali. I fabbisogni alimentari varieranno secondo la stagione, l'età, le capacità digestive, il luogo geografico e il clima. Spesso è necessario combinare i principi di tutti i dosha basandosi sui bisogni individuali correnti. Queste linee guida sono un buon punto di partenza e non includono intenzionalmente carni o uova poiché tali alimenti saranno discussi nei capitoli successivi.

Dieta per armonizzare vata

La stagione vata è fredda, ventosa e secca. In questo periodo le qualità vata aumentano naturalmente e si dovrebbe fare maggiore attenzione a mantenere l'equilibrio. È bene allora assumere bevande e cibi caldi, pesanti e oleosi. Mangiate preferibilmente cibi con sapori dolci, agri e salati. Evitate cibi secchi, crudi e bevande o cibi freddi. Moderate l'assunzione di alimenti dal sapore pungente, amaro e astringente.

I sintomi che denotano un vata elevato o in eccesso includono, tra l'altro: costipazione, insonnia, senso di stanchezza, perdita di peso, flatulenza, gonfiori, feci e urine chiare, percezione sensoriale debole, paura, ansia, alti livelli di stress, maggiore vulnerabilità al freddo e riduzione delle difese immunitarie.

Vata aumenta con sapori pungenti, amari, astringenti e cibi leggeri, secchi e freddi.

Vata può essere diminuito da sapori dolci, agri, salati e cibi pesanti, oleosi e caldi.

La seguente è una lista di alimenti consigliati per il dosha vata, suddivisi per gruppi.

- **Legumi:** da assumere moderatamente poiché aumentano vata, fa eccezione il mung dhal o soia verde. Le lenticchie di soia verde possono essere consumate sovente, se ben cotte, con erbe digestive. Non eccedete nel consumo di tempeh e tofu.
- **Oli:** tutti gli oli riducono vata. L'olio di sesamo e il *ghee* (burro chiarificato) sono da preferire.
- **Ortaggi:** barbabietole cotte, carote, asparagi, cipolle, patate dolci e yam sono eccellenti per compensare vata. Alternative valide sono sedano, okra, zucchine, zucca, fagiolini verdi e kale (varietà di cavolo). Per bilanciare vata è meglio evitare il consumo di verdure crude. Provate a cucinare usando un po' di ghee, oli vegetali o burro. Le spezie che riducono vata sono ammesse in quantità limitate. Le altre verdure possono essere utilizzate con moderazione previa buona cottura.
- **Spezie:** piccole quantità di pepe nero, semi di senape, cumino, zenzero, cannella, finocchio, fieno greco, semi di coriandolo, curcuma, basilico, prezzemolo, coriandolo, semi di senape neri, origano, timo, zafferano, e cardamomo bilanciano

vata quando cucinati con gli alimenti. Moderate l'uso di chilli e peperoncino rosso.

- **Cereali:** quinoa, riso basmati, avena e miglio sono dei buoni equilibratori di vata. Riducete il consumo di segale, orzo e mais.
- **Frutta:** sono indicati frutti dolci e aspri quali, ad esempio, arancio, avocado, uva, pesca, melone, fichi freschi, papaya, frutti di bosco, ciliegie, mango, ananas, mele, pere, cachi, banane, limoni e pompelmi.
- **Dolcificanti:** zucchero di canna integrale, melassa, agave, stevia e miele sono da preferire. Permessi tutti i dolcificanti naturali se consumati in piccole quantità.
- **Frutta secca/semi:** tutti i tipi di frutta secca e semi oleosi sono concessi se mangiati con moderazione.
- **Latticini:** se non è presente un'intolleranza ai latticini, sono consigliati tutti i latticini biologici non trattati e non omogeneizzati, specialmente il ghee, lo yogurt e il siero di latte. Per facilitare la digestione bollite il latte e bevetelo tiepido.

Dieta per armonizzare pitta

La stagione pitta è calda e secca. In questo periodo privilegiate cibi e bevande rinfrescanti. Mangiate alimenti dolci, amari e astringenti, comprendendo anche frutta fresca dolce e verdure che crescono durante la stagione pitta. Riducete l'assunzione di cibi pungenti, aspri e salati. Evitate lo yogurt, il formaggio, i pomodori, gli aceti e le spezie piccanti poiché aumentano pitta.

Alcuni sintomi che denotano un pitta alto o in eccesso sono ad esempio eccessiva fame o sete, sensazione di bruciore della pelle, degli occhi e delle estremità degli arti, eruzioni cutanee, febbri, colorazione giallastra della cute, infiammazioni, sentimenti di rabbia, odio, gelosia e impazienza.

Pitta si rafforza con i sapori pungenti, aspri e salati e i cibi che sono piccanti, leggeri e secchi.

Pitta si indebolisce con i sapori dolci, amari e astringenti e cibi che sono freddi, pesanti e oleosi.

La seguente è una lista di alimenti consigliati per pitta, suddivisi per gruppi:

- **Legumi:** prediligete azuki, soia verde e tempeh. Tutti i legumi sono indicati eccetto le lenticchie poiché aumentano pitta. Evitate i prodotti derivati dalla soia come il tofu.
- **Oli:** burro, ghee, olio di oliva, olio di girasole e olio di cocco sono da preferire. Riducete l'uso dell'olio di mandorle, mais e sesamo poiché aumentano pitta.

Dieta per armonizzare pitta

- **Ortaggi:** asparagi, cavolo, cetriolo, piselli, okra, zucchine, fagiolini, bardana, rapa, pastinaca, carote, broccoli, cavolfiore, germogli, sedano e verdure a foglia verde equilibrano pitta. Le insalate verdi sono eccellenti specialmente in estate.
- **Spezie:** curcuma, coriandolo, cannella, semi di finocchio, menta e cardamomo sono da prediligere. Da evitare: peperoncino e pepe di cayenna poiché aggravano pitta.
- **Cereali:** orzo, avena, riso basmati e farro armonizzano pitta. Riso integrale, mais, miglio e segale dovrebbero essere consumati solo occasionalmente.
- **Frutta:** frutti dolci e astringenti come uva, cocco, ciliegie, avocado, meloni, mango, melagrane, prugne secche, arance, prugne fresche, mele, pere, mirtilli rossi e ananas fanno bene. Riducete il consumo di frutta aspra come olive, ananas e banane non mature.
- **Dolcificanti:** tutti i dolcificanti naturali vanno bene, ma non si dovrebbe eccedere nell'uso del miele.
- **Frutta secca/semi:** Evitare tutti i tipi di frutta secca. I semi di girasole possono essere presi in piccole quantità. I semi di canapa possono essere consumati regolarmente.

- **Latticini:** se non vi è un'intolleranza ai latticini, latte, burro e ghee biologici non pastorizzati sono riequilibranti, se usati con moderazione. Riducete formaggio, yogurt, crema di formaggio e siero di latte poiché aggravano pitta.

Dieta per armonizzare kapha

La stagione kapha è bagnata, fresca e piovosa. In questo periodo mangiate cibi leggeri e secchi. Utilizzate alimenti e bevande calde. Mangiate cibi dal sapore pungente, amaro e astringente. Evitate quelli dolci, salati e aspri.

Alcuni sintomi che denotano un kapha alto o in eccesso sono: perdita di appetito, pesantezza, mani e piedi freddi, articolazioni gonfie, tosse con catarro, eccessiva sonnolenza, apatia, pigrizia mentale, mancanza di concentrazione e di ispirazione.

I sapori dolci, aspri e amari e i cibi pesanti, oleosi e freddi rafforzano kapha.

Cibi raccomandati per il dosha kapha suddivisi per gruppi:
- **Legumi:** tutti i tipi di fagioli sono indicati eccetto i fagioli rossi. Consigliato un utilizzo modesto di tofu.

Dieta per armonizzare kapha

- **Oli:** condite con poco olio. Ammessi in piccole quantità l'olio di mandorle e di girasole. Il ghee può essere usato limitatamente con le spezie.
- **Ortaggi:** le verdure dovrebbero essere cotte e cucinate con spezie. Tutte le verdure vanno bene ad esclusione dei cetrioli, melanzane, zucca, spinaci, patate dolci e pomodori. Per le persone kapha sono specialmente indicate rape, radicchio, verdure a foglia verde scuro, sedano, cavolo e germogli.
- **Spezie:** evitate il sale poiché aumenta kapha. Tutte le spezie sono concesse, specialmente pepe di cayenna, pepe nero, aglio, zenzero, semi di senape neri e peperoncino, poiché rafforzano il fuoco digestivo.
- **Cereali:** i cereali da preferire sono l'orzo, la quinoa, l'amaranto, il grano saraceno, la segale e il mais. Evitate la farina di grano e il riso. Il miglio dovrebbe essere consumato solo occasionalmente.
- **Frutta:** mangiate frutta leggera e astringente quali lamponi, albicocche, frutti di bosco, mele e melagrane. Consigliata la frutta secca come uva sultanina e prugne. Evitate frutta non facilmente digeribile, troppo dolce o agra come uva, banane, fichi, arance, cocco, ananas, datteri e meloni, poiché aumentano kapha.

- **Dolcificanti:** miele e foglie di stevia sono dolcificanti appropriati per kapha. Evitate tutti gli altri dolcificanti.
- **Frutta secca/semi:** riducete al minimo il consumo di ogni tipo di fruta secca. Limitate l'apporto di semi di zucca, di canapa e di girasole.
- **Latticini:** occasionalmente si può bere il latte di capra biologico fresco non omogeneizzato e, in piccole quantità, il siero di latte speziato. Le persone con kapha dominante dovrebbero escludere quasi totalmente i latticini dalla loro dieta.

Tabella di combinazione dei cibi

Per una digestione e un metabolismo migliore si consiglia di combinare i cibi in modo semplice. Mischiare troppi cibi in un pasto può creare indigestione, gonfiori, gas e un senso di malessere. Associazioni alimentari sbagliate possono causare fermentazione nello stomaco attenuando il fuoco gastrico e creando tossine. Ecco alcune indicazioni per una corretta combinazione degli alimenti, che permetta di assimilarli facilmente ed eviti l'insorgere di gonfiori addominali o di un senso di pesantezza dopo i pasti.

Tabella di combinazione dei cibi

Non mangiate:	con:
Legumi	frutta, formaggio, uova, pesce, latte, carne, yogurt
Uova	frutta, legumi, formaggio, pesche, *kichari*, latte, carne, yogurt
Cereali	frutta
Frutta	qualsiasi altro cibo eccetto datteri o mandorle
Bevande calde	mango, formaggio, pesce, carne, carboidrati, yogurt e pasti abbondanti
Limone	cetriolo, latte, pomodori, yogurt
Meloni	qualsiasi altro cibo; sconsigliato il consumo di vari tipi di melone in un pasto.
Latte	frutta, pane, pesce, *kichari*, carne
Solanacee	cetrioli, latticini
Ravanelli	banane, uva sultanina, latte
Tapioca/yogurt	frutta, formaggio, uova, pesce, bevande calde, carne, latte, solanacee

Acidità e alcalinità

Quando il livello di acidità nel corpo è troppo alto si possono manifestare vari disturbi quali affaticamento, artrite, indigestione, acidità gastrica, ulcere, mal di testa, insonnia, nervosismo e osteoporosi. L'acidità cronica favorisce anche il processo di invecchiamento e la degenerazione dei tessuti. Una dieta composta prevalentemente da frutta fresca e verdura accompagnata da piccole porzioni di cereali e proteine promuove l'alcalinità. Una dieta a base di carne, cibi industriali o con troppi carboidrati crea acidità. È meglio consumare 80% di cibi alcalinizzanti e 20% di cibi acidificanti.

Cibi acidificanti

Grassi e oli
Lardo
Margarina
Olio di avocado
Olio di mais
Olio di oliva
Olio di semi di girasole
Olio di semi di lino
Olio di semi di sesamo
Olio idrogenato

Cereali
Amaranto
Avena
Farina di grano
Farro
Grano saraceno
Kamut
Latte di riso
Mais
Orzo
Pasta
Quinoa
Riso (tutti i tipi)
Segale

Latticini
Burro
Formaggio
Gelato
Latte
Uova

Noci
Anacardi
Arachidi
Burro di arachidi
Latte di mandorle
Noci
Noci brasiliane
Noci messicane
Tahini

Frutta
Frullati (con latte)
Mirtillo rosso
Pomodori

Farmaci e prodotti chimici
Farmaci
Pesticidi e diserbanti
Prodotti chimici

Fagioli e Legumi
Arachidi
Ceci
Fagioli azuki
Fagioli cannellini
Fagioli lima
Fagioli neri
Fagioli rossi
Latte di soia
Lenticchie
Piselli
Soia

Dolcificanti
Zuccheri artificiali
Zucchero bianco

Altro
Aceto distillato
Acqua
Alcolici
Bevande gasate
Caffé
Carne
Cibi trattati chimicamente
Cibo cucinato nel microonde
Cibo in lattina
Cioccolato
Germe di grano
Patate
Sale iodato
Tè nero

Acidità e Alcalinità

Cibi alcalinizzanti

Verdure
Aglio
Alfa alfa
Alghe marine
Asparagi
Barbabietole
Bieta
Broccoli
Cardi
Carote
Cavoletti di Bruxelles
Cavolfiore
Cavolo
Cetriolo
Cipolla
Clorella
Foglie di senape
Funghi
Germogli
Kale
Lattuga
Pastinaca
Peperoni
Piselli
Sedano
Spirulina
Tarassaco
Verdure fermentate
Zucca

Frutta
Albicocca
Ananas
Arancio
Avocado
Banana
Ciliegie
Cocco
Cocomero
Datteri/Fichi
Frutti di bosco
Frutti tropicali
Lime
Limone
Mandarino
Mela
Melone
Melone francese
Pera
Pesca
Pescanoce
Uva

Proteine
Castagne
Germogli di semi
Mandorle
Miglio
Noci
Semi di girasole
Semi di lino
Semi di zucca
Tempeh

Altro
Aceto
Acqua minerale
Culture probiotiche
Kombucha
Latte biologico
Polline
Sidro
Succo di frutta (fresca)
Succo di verdure
Tè al ginseng
Tè bancha
Tisane

Dolcificanti
Foglie di stevia

Spezie
Cannella
Curry
Erbe aromatiche
Miso
Peperoncino
Sale marino
Senape
Tamari
Zenzero

Cibo biologico

"La Natura dona tutta la sua ricchezza agli esseri umani. Come la Natura si mette al nostro servizio, anche noi dovremmo dedicarci ad aiutare la Natura. Solo allora si potrà conservare l'armonia tra la Natura e l'umanità".

– Amma

Fino alla metà del secolo scorso, l'agricoltura usava metodi che rispettavano i ritmi naturali e utilizzava solo sostanze fornite dalla natura. L'impiego diffuso di fertilizzanti chimici, pesticidi e diserbanti ha sconvolto l'equilibrio della natura minacciando di conseguenza il benessere non solo dell'ambiente esterno ma anche del nostro ambiente interiore.

Dopo aver notato questi effetti dannosi, molti contadini sono tornati ad usare metodi di agricoltura biologica che aumentano la fertilità del suolo e restituiscono l'armonia naturale. Questi sistemi includono l'introduzione di ulteriori tecniche naturali come il compostaggio, l'impiego di letame, le preparazioni biodinamiche e le rotazioni delle colture. Le piante che crescono in suoli ben bilanciati e fertili sono forti e sane. Come un uomo sano e felice resiste alle malattie, così queste piante diventano resistenti a malattie e insetti.

I pesticidi e i fertilizzanti chimici non sono necessari per l'agricoltura e distruggono la vita del terreno e la salute delle piante. I residui tossici dei pesticidi e diserbanti, quando assunti attraverso il cibo, si accumulano nel tessuto umano e finiscono anche nelle condotte dell'acqua provocando un notevole danno ambientale. Ogni anno vengono impiegati migliaia di tonnellate di pesticidi in tutto il mondo.

Oltre ad essere totalmente privi di pesticidi, i cibi biologici non sono mai irradiati dopo il raccolto. Per ottenere il certificato biologico, il prodotto deve crescere in un suolo che risulti, dopo opportuni controlli, non contaminato da metalli pesanti. È stato scientificamente provato che l'accumulo nell'organismo delle sostanze tossiche menzionate comporta una serie di disturbi quali il cattivo funzionamento del sistema immunitario, tumori, allergie, problemi di fertilità e malformazioni congenite. Circa cinque milioni di persone nel mondo soffrono ogni anno di sintomi da avvelenamento da pesticidi e 10.000 persone muoiono a causa di questi veleni. Ricerche hanno dimostrato che la durata della vita dei contadini convenzionali è significativamente minore rispetto a quella dei contadini che praticano l'agricoltura biologica.

Attualmente molti cibi industriali sono geneticamente modificati. Gli organismi geneticamente modificati (OGM) rappresentano un grave pericolo sia per gli uomini che per l'ecosistema. Molte specie animali, come la farfalla monarca, sono in via d'estinzione a causa degli OGM. Per i vegetariani gli OGM presentano un ulteriore problema poiché sono generati impiegando DNA animale. Molti esperti ipotizzano che l'OGM altererà col tempo il DNA umano. Poiché gli organismi geneticamente modificati sono una creazione recente, non si conoscono ancora gli effetti a lungo termine.

In India, come in altri Paesi in via di sviluppo, le compagnie occidentali di pesticidi OGM stanno promuovendo in maniera aggressiva l'uso di pesticidi chimici per l'agricoltura, contaminando l'acqua e impoverendo seriamente il suolo. Molti insetti stanno sviluppando resistenza ai pesticidi e, a volte, anche il loro uso massiccio diventa inefficace. Così, molti contadini si ritrovano ad avere, anno dopo anno, poco o nessun raccolto. Indebitati enormemente con queste industrie chimiche, i contadini iniziano a disperare. In India molti contadini si suicidano purtroppo con i pesticidi comprati. Scegliendo alimenti biologici e non OGM diamo il nostro contributo nel cercare di porre fine a questa tragica situazione.

Il cibo certificato biologico ha maggiori contenuti nutrizionali rispetto a quello trattato, il consumatore ottiene così più di quello che spende. Molti trovano il cibo biologico più gustoso. Il cibo biologico ha anche una forza vitale (*prana*) maggiore del cibo commerciale. Mangiare biologico è, di conseguenza, il primo passo verso una salute personale e globale.

L'acqua: fonte della vita

L'acqua è essenziale per la vita. L'ottanta per cento del nostro corpo è composto da acqua. L'importanza nel mantenere il corpo idratato può essere paragonata alla differenza tra un frutto fresco e uno secco: ciò che li differenzia è la quantità di acqua presente. Senza un'adeguata idratazione, il corpo si prosciuga, diventa ruvido e rigido. L'acqua porta ossigeno, nutrienti e la vita alle cellule. Gli esseri umani possono vivere a lungo senza cibo, ma solo per un breve periodo senz'acqua. Quando avvertiamo lo stimolo della sete il nostro corpo è già disidratato. Abituarci a bere con regolarità durante tutta la giornata porta maggiore energia, vitalità e giovinezza.

Per prevenire la disidratazione occorre bere giornalmente almeno 2-3 litri d'acqua. Spesso si scambia la sete con la fame e, talvolta, bere acqua elimina il falso senso di fame. Senza una buona idratazione non si possono assimilare adeguatamente i nutrienti e non si ha una completa eliminazione delle tossine. La disidratazione è una delle maggiori cause della stitichezza. Bevete solamente acqua pura di sorgente o acqua filtrata. Aggiungendo le ceramiche EM-X all'acqua o agitando bene la bottiglia prima di bere, l'acqua viene riossigenata, favorendo così una migliore ossigenazione del sangue, della linfa e una rigenerazione cellulare. In occidente l'acqua del rubinetto è spesso trattata con sostanze chimiche che depauperano le ossa ed il sangue dei loro minerali. Queste sostanze chimiche possono causare seri disturbi come squilibri del sistema immunitario, disordini neurologici, osteoporosi, nausea e acidità. Cercate inoltre, se possibile, di evitare l'acqua in bottiglie di plastica sottile poiché la plastica contiene sostanze cancerogene in grado di contaminare l'acqua.

Attivare e rivitalizzare il cibo

Sebbene non sia sempre possibile rivitalizzare il cibo, è comunque possibile accedere ad alimenti biologici e all'acqua pura. Un modo per rivitalizzare il cibo impoverito è quello di recitare il mantra mentre si cucina o prima di mangiare. È stato infatti scientificamente provato che recitare il mantra e pregare rigenera fisicamente sia il cibo che l'acqua.

Il dott. Masaru Emoto, scienziato e ricercatore giapponese, ha dimostrato come i mantra, un senso di gratitudine e intenzioni amorevoli trasformino istantaneamente non solo la struttura cellulare dell'acqua, ma anche quella delle piante e del cibo.

Allergie alimentari comuni

Le allergie alimentari, le intolleranze e le ipersensibilità alimentari sono la causa di innumerevoli disturbi. Le allergie alimentari più comuni sono quelle legate al grano, allo zucchero e ai latticini. Eliminando semplicemente questi cibi, si eliminano anche molti problemi legati alla salute. Un modo per diagnosticare allergie o ipersensibilità alimentari è quello di astenersi dal mangiare l'alimento sospetto per una settimana o dieci giorni e aggiungerlo successivamente alla dieta, osservando gli effetti nel nostro corpo. I test allergologici o la diagnosi ayurvedica del polso sono metodi altrettanto efficaci per determinare le allergie alimentari. Le intolleranze alimentari dipendono a volte dalla quantità di cibo ingerito. Alcuni, ad esempio, potrebbero non avere problemi a consumare piccole quantità di grano, ma sviluppare indigestioni dopo averne consumato in grandi quantità.

La candidosi è spesso associata alle allergie alimentari ed è provocata da una proliferazione della Candida Albicans, un lievito che normalmente fa parte della flora intestinale. Questa proliferazione può essere causata da diete a base di zuccheri raffinati, carboidrati e lieviti, dall'uso di antibiotici, dall'alcol, dallo stress e da alcune medicine come la pillola anticoncezionale. La candidosi produce numerosi disturbi intestinali, immunologici, neurologici, ecc. I sintomi possono includere un senso di stanchezza, problemi digestivi, cefalea, perdite vaginali e riduzione delle difese immunitarie.

Allergie alimentari comuni

Il grano

La metà della popolazione ha una ipersensibilità, un'intolleranza o un'allergia al grano. L'incapacità di assimilare il grano comporta sintomi quali cefalea, gonfiori di stomaco, diarrea, stitichezza, stanchezza, eruzioni cutanee, artrite, dolori al petto, depressione, cambiamenti di umore, eczema, stordimento, dolori muscolari e articolari, vomito, palpitazioni, psoriasi, starnuti, tosse, gonfiore della gola o della lingua, difficoltà ad addormentarsi e a svegliarsi, naso che cola, prurito o lacrimazione degli occhi, mancanza di concentrazione.

Le affezione correlate a ipersensibilità o allergia al grano sono, ad esempio: artrite, arteriosclerosi, reumatismi, disordini del sistema immunitario, sclerosi multipla, morbo di Alzheimer, morbo di Parkinson, sindrome dell'intestino irritabile, cancro al colon, cancro all'utero e al seno, linfomi, cardiopatie, malattia di Crohn, gotta, ipertensione e bruciori gastrici.

Per coloro che non sono intolleranti al grano o non hanno la candidosi, il grano è molto nutriente. Il grano o frumento è uno dei cereali più energetici, aiuta a formare i tessuti muscolari e fornisce energia per le attività fisiche. Il modo migliore per consumarlo è attraverso i germogli o i *chapatti*. Il frumento aiuta a compensare un eccesso di vata, calma la mente, fortifica il cuore ed è eccellente per chi soffre d'insonnia. Essendo composto prevalentemente da elementi appartenenti alla terra (kapha), coloro che soffrono di un eccesso di kapha dovrebbero limitarne il consumo. Si consiglia di non mangiarne troppo anche negli stati d'intossicazione, o quando siamo raffreddati o congestionati.

Alternative al grano

Al giorno d'oggi esistono molti tipi di pane come ad esempio il pane al farro o al ragi (miglio nero) che sono privi di farina di frumento o glutine. Spaghetti di farro o riso sono ottime scelte alternative alla pasta tradizionale. Molti cereali come l'avena, la quinoa, ecc... sono alimenti di base molto nutrienti. In India il *dosa*, *l'ootapam* e *l'idli* sono dei validi sostituti alla farina di grano.

Zucchero

L'intolleranza allo zucchero raffinato è piuttosto diffusa e si manifesta sotto forma di stanchezza cronica, sbalzi d'umore, comportamento instabile e difficoltà nell'apprendimento, concentrazione bassa, disturbi intestinali e mal di testa. Spesso le persone sono attratte dagli alimenti a cui sono

Allergie alimentari comuni

intolleranti o verso i quali sviluppano assuefazione. Lo zucchero facilita questo meccanismo e spesso il risultato è un continuo spizzicare.

Lo zucchero raffinato, oltre a creare reazioni d'intolleranza, ha diversi effetti sulla nostra salute. È una fonte d'energia, ma non contiene nessuna vitamina o minerale. Per digerire e utilizzare lo zucchero bianco il corpo utilizza le sue stesse vitamine, minerali e nutrienti, specialmente il potassio, il magnesio, il calcio e le vitamine del gruppo B. Un suo largo consumo può comportare deficit nutrizionali e favorire l'obesità, il diabete, l'ipertensione e le malattie cardiovascolari. Queste malattie, diffuse oramai in tutto il mondo, sono diventate epidemiche e anche i giovani ne sono affetti. Questo zucchero è anche cariogeno e l'uso eccessivo può avere effetti negativi sulla flora batterica causando disbiosi intestinale, come la candidosi. Per secoli i naturopati hanno riconosciuto il rapporto tra intestini sani e corpi sani ed oggi ciò è stato scientificamente provato. È stato finalmente stabilito uno stretto legame tra la flora intestinale e le funzioni immunitarie.

La maggioranza delle persone consuma più zucchero raffinato di quanto il corpo possa utilizzarne per i suoi fabbisogni energetici. In America, si consumano in media 59 kg di zucchero raffinato pro capite, equivalenti circa a 150 grammi al giorno per persona. Spesso i consumatori sono inconsapevoli delle grandi quantità di zucchero raffinato che si nasconde nei cibi confezionati.

Alternative allo zucchero bianco

Nella tradizione ayurvedica lo zucchero di canna grezzo è usato come tonico per rigenerare e ridare forza ad un corpo debilitato. È spesso incluso nelle formule dei medicinali come il chayawanprash.

Jaggery: Il jaggery di alta qualità è un eccellente sostituto poiché è costituito da molti minerali e non provoca picchi di zucchero nel sangue come lo zucchero raffinato. È anche molto meno dannoso per il fegato e per la milza.

Stevia: Le foglie di stevia sono il dolcificante perfetto poiché contengono nutrienti benefici; i test eseguiti hanno dimostrato che aiuta anche a correggere il diabete ribilanciando i livelli di zucchero nel sangue.

Frutta: Gli zuccheri naturali e quelli estratti dalla frutta sono da preferire allo zucchero bianco sebbene entrambi causino iperglicemia. Coloro che hanno una candidosi alta, di conseguenza, non dovrebbero consumare eccessive quantità di zuccheri.

Sucanat/Zucchero di Turbinado: Questo prodotto è zucchero di canna puro. Il sucanat d'alta qualità è ricco di minerali e può essere benefico per il fegato, la milza e il pancreas. Coloro che soffrono di candidosi o sono sensibili allo zucchero dovrebbero ridure al minimo il consumo di ogni tipo di zucchero.

Zucchero di datteri/Melassa nera: Entrambe sono ricchi di nutrienti tra cui il ferro.

Miele/Nettare d'agave: entrambi contengono numerosi nutrienti e favoriscono il processo di assimilazione. La medicina ayurvedica sostiene che il miele non dovrebbe mai essere cucinato. Il miele cotto si trasforma in una sostanza appiccicosa che aderisce alle mucose e ostruisce i piccoli e grandi vasi producendo tossine. Il miele non cotto è considerato *amrita* (nettare).

I dolcificanti sintetici non sono sostituti dello zucchero. Esami di laboratorio hanno dimostrato che sono neurotossici e cancerogeni.

Latte/Latticini

Una persona su cinque risulta intollerante al lattosio. L'intolleranza al lattosio crea condizioni simili a quella correlata al grano e allo zucchero. Chi non soffre di questa intolleranza trarrà beneficio bevendo il latte biologico fresco, non omogeneizzato e non pastorizzato. È il latte raffinato, non il latte in sé, che può portare degli squilibri nel corpo.

Nella tradizione ayurvedica il latte era considerato un cibo completo e perfetto. Era usato quotidianamente dagli yogi e dai Rishi per migliorare la salute. Sfortunatamente, al giorno d'oggi, il latte di alta qualità non è facilmente reperibile. In passato le mucche pascolavano liberamente all'aperto, brucando erba non contaminata ed erano trattate con amore e rispetto.

Oggi la maggior parte delle mucche da latte passano le giornate in spazi confinati, imbottite di ormoni e antibiotici così da aumentare la loro massa e produrre più latte. Quando non sono in grado di produrre più latte, la maggior parte delle mucche sono mandate al macello.

Oggi molte aziende casearie iniettano nelle loro mucche gli ormoni della crescita e grandi quantità di antibiotici; alcune di esse arrivano persino a pubblicizzare tali procedure per incrementare la vendita delle loro carni. Questo modo di operare rivela una grande mancanza di discernimento. Sembra che il consumo dei latticini

Allergie alimentari comuni

commerciali possa alterare la flora batterica e aumentare la resistenza dell'organismo verso gli antibiotici. Non sono ancora del tutto chiari gli effetti causati dall'ingestione degli ormoni della crescita. Ci sono prove che suggeriscono che incidano sul sistema immunitario, ormonale e nervoso. Sono anche stati associati a un aumento di alcuni tumori, in particolare quello del seno.

La pastorizzazione è un processo di sterilizzazione in cui i prodotti sono riscaldati ad alte temperature per distruggere eventuali batteri dannosi. L'omogeneizzazione serve a conservare e prolungare il ciclo vitale. In questi processi si perdono importanti vitamine e viene alterata la struttura chimica del latte. L'ayurveda afferma che dopo il processo di pastorizzazione si perdono gli enzimi del latte, provocando malassorbimento e aumento di tossine nel colon.

Il processo di omogeneizzazione è stato introdotto nel 1932. Con questo trattamento il latte passa attraverso sottili filtri e tubi, sotto una pressione di 275 bar a 180 metri al secondo, che frantuma le cellule grasse in piccolissime particelle, ponendole in sottile sospensione. In tal modo il corpo umano non è in grado di assimilare o utilizzare il latte in modo appropriato. Il grasso si deposita nelle pareti delle arterie formando placche di arteriosclerosi che, aumentando, possono portare ad attacchi di cuore o ictus. Studi dimostrano che le molecole mal digerite del latte omogeneizzato possono anche favorire l'ingrossamento della prostata e il cancro. Anche il latte scremato presenta le stesse proprietà poiché la pastorizzazione e omogeneizzazione alterano la struttura chimica del latte.

A causa di questi fattori, i prodotti caseari in commercio possono provocare numerosi disturbi quali acidità, crampi, nausea, diarrea, flatulenza, gonfiori, raffreddori catarrali, ristagno di muco nel colon e altri sintomi. Il miglior modo di assumere latticini è consumare prodotti biologici, non omogeneizzati e non pastorizzati provenienti da mucche allevate con amore.

Latticini sani e alternative ai latticini

Il latte non trattato è molto più digeribile di quello omogeneizzato. Nutre i tessuti, le ossa e i capelli. Un'ottima alternativa al latte omogeneizzato è comprare quello di mucca, capra o pecora che sono state allevate senza l'uso di antibiotici e ormoni,

Latticini sani e alternative ai latticini

sterilizzarlo bollendolo per circa un minuto, senza distruggere eccessivamente in questo modo i nutrienti. Il latte non trattato può anche essere trasformato in una versione più sana di yogurt e formaggio. Una eventuale possibilità per le persone intolleranti al lattosio sono i prodotti caseari di capra o pecora che, se consumati con moderazione, avendo un basso contenuto di lattosio, sono in genere più facilmente digeribili dei prodotti di latte vaccino.

Molte culture, prima che esistesse l'omogeneizzazione, usavano il latte come alimento base nella loro dieta. Bere latte non trattato è molto più salutare, sebbene secondo l'ayurveda il consumo dei latticini vari secondo il proprio dosha dominante (consultare i capitoli precedenti sulla dieta in base ai dosha).

Il *ghee* è burro chiarificato non salato che è stato cotto, liberato da ogni impurità e non ha bisogno di essere conservato in frigorifero. Il ghee nutre tutti i *dhatus* (tessuti), migliora l'assimilazione, nutre il sistema nervoso, lubrifica le articolazioni e i muscoli, aumenta la produzione di enzimi digestivi ed è benefico per il fegato. È un grasso non dannoso per l'organismo, non aumenta il colesterolo totale e aiuta a sintetizzare il colesterolo che ha funzioni protettive (HDL). A differenza degli altri oli, il ghee può essere usato per cucinare e cuocere a lungo senza creare radicali liberi. È usato spesso come *carrier* (sostanza che veicola i principi attivi, N.d.T.) nei farmaci ayurvedici, facilitando il passaggio dei nutrienti nell'organismo.

In tutto il mondo gli alimenti sostitutivi del latte sono sempre più accessibili. Il latte di riso, il latte di semi di canapa, il latte di mandorle, il latte di avena e il latte di nocciole sono ottime alternative per chi è intollerante al lattosio. Il latte di soia, sebbene più comune degli altri prodotti alternativi, dovrebbe essere usato con cautela poiché molte persone, ipersensibili anche alla soia, potrebbero avere difficoltà a digerire i suoi derivati. Sono inoltre disponibili alternative allo yogurt e al formaggio.

Cosa c'è nel tuo piatto?

Il rapido aumento di malattie e disturbi ha spinto molti a modificare in modo significativo la loro dieta. Nella nostra società esistono molti alimenti che consumiamo quotidianamente e che rapidamente stanno distruggendo la nostra salute fisica, mentale, emotiva e spirituale. Lo scopo di questa sezione è di aumentare la consapevolezza così che si possa compiere una scelta migliore riguardo al carburante (cibo) che si mette nel veicolo (corpo).

Ecco una lista di prodotti molto nocivi per la salute e che favoriscono un invecchiamento precoce:
- Sale raffinato
- Caffeina
- Cibi trattati
- Cibi grassi
- Cibi fritti
- Cibi privi di fibre
- Additivi chimici e conservanti
- Bevande gasate
- Alcolici

Sale: l'Ayurveda sostiene che il sale aumenti pitta e kapha e riduca vata. Piccole quantità di sale aumentano l'appetito e migliorano il sapore del cibo. In eccesso, il sale aggrava i dosha, infiamma i nervi e indebolisce il processo digestivo. La maggioranza delle persone consuma grandi quantità di sale sotto forma di cloruro di sodio. Il sale, come lo zucchero, si trova in molti cibi raffinati industriali. Crea dipendenza e, in eccesso, provoca disturbi correlati a kapha, quali, per esempio, pressione alta, fragilità ossea, indebolimento della funzionalità renale, ritenzione idrica, indurimento delle arterie e una debolezza a livello polmonare e bronchiale.

Sali qualitativamente migliori sono, per esempio, il sale marino biologico integrale, salgemma, aminoacidi liquidi e il sale himalayano. Sono tutti ricchi di sali minerali idrosolubili in una forma facilmente assimilabile dall'organismo. Le alghe marine sono un'ottima alternativa al sale raffinato poiché ricche di oligoelementi e di minerali ionici; aggiungono un sapore salato al cibo, alcalinizzando, ossigenando e mineralizzando il sangue e il corpo. Le alghe aiutano anche l'organismo a disintossicarsi dai metalli pesanti e dalle sostanze chimiche. Tutte le varietà di alghe marine sono buone: dulse, arame, hijiki, wakame e kombu si trovano in quasi tutti i negozi biologici e in quelli alimentari asiatici. Un'altra valida scelta può essere il miso che oltre a salare il cibo stimola la digestione ed alcalinizza il corpo.

Caffeina: la caffeina si trova nel tè, nel caffé, nel cioccolato e nelle bevande a base di cola. Molte persone intolleranti alla caffeina sviluppano un'assuefazione a questa sostanza ed accusano sintomi quali, per esempio, stanchezza cronica, ipertensione, palpitazioni, stress, ansia, sbalzi d'umore, irritabilità, collera, insonnia, nausea, indigestione, stitichezza, diarrea, disturbi epatici e renali. Essendo un eccitante, un uso prolungato spesso diminuisce le riserve del corpo, indebolendo e ponendo sotto stress le ghiandole surrenali, il sistema nervoso e quello immunitario. Un eccessivo consumo di caffeina può causare l'osteoporosi e deficit nutrizionali. Le persone che hanno problemi di salute e una costituzione sensibile dovrebbero evitarla.

Il caffè è più dannoso del tè a causa dell'alto contenuto di caffeina e della presenza di principi attivi come il metilxantina, che può irritare le pareti dello stomaco e distruggere la flora batterica benefica. In alcune circostanze può essere indicato bere, in quantità moderata, tè nero di buona qualità. Tuttavia, se assunto durante i pasti, il suo uso eccessivo può inibire l'assorbimento di ferro, calcio e zinco contenuti nei cibi. Il tè nero è sconsigliato a chi ha vata/pitta in eccesso e condizioni quali: un sistema nervoso fragile, disturbi epatici, insonnia, ADD (Disturbo da Deficit d'Attenzione), ADHD (Disturbo da Deficit d'Attenzione e Iperattività) e iperacidità.

Esistono diversi sostituti al caffè e al tè nero. Il tè verde è un ottimo antiossidante ed è stata dimostrata la sua capacità di ridurre l'incidenza di alcune infezioni e tumori. La Yerba Mate, una tisana del Sud America, è un altro eccellente sostituto del caffè che, sebbene contenga delle tracce di caffeina, non aggrava il sistema nervoso o quello digestivo come il caffè. Contiene 24 vitamine e minerali, 15 aminoacidi, antiossidanti e clorofilla. I chicchi di caffé, la cicoria tostata e la radice di tarassaco possono sostituire il sapore del caffé senza però contenere caffeina. Molte tisane sono benefiche per la salute e sono prive di teina.

Un'alternativa al cioccolato è il cacao o cioccolato nella sua forma pura, non raffinata. Il nome botanico della pianta del cacao è Theobroma che letteralmente significa "cibo degli dei". All'interno del frutto si trova il seme di cacao, che non contiene zucchero ed è molto nutriente. Quando si raffina il cacao e si produce il cioccolato aggiungendo latticini e zucchero, si perdono molte proprietà. Il cacao, nella sua forma originaria, è ricco di antiossidanti, vitamine del gruppo B e magnesio, minerale che modula importanti funzioni del sistema nervoso e aiuta la formazione ossea. Sebbene il contenuto di caffeina nel cioccolato sia minore rispetto al caffè, il cacao ne contiene ancora meno. Le ultime ricerche dimostrano che il cacao ha capacità di innalzare il tono dell'umore.

Cibi trattati: cibi come la farina raffinata e il riso bianco sono carenti in minerali e vitamine, poiché nel processo di decorticazione perdono molti nutrienti. Con il consumo di questi prodotti l'organismo viene depauperato delle vitamine del gruppo B e, nel tempo, è meno resistente alla fatica. La mancanza di fibra alimentare è responsabile di fragilità ossea, di un rialzo della glicemia nel sangue e di stitichezza. Alimenti non raffinati e non trattati chimicamente sono sempre la scelta più nutriente.

Cibi grassi: per mantenere un buon equilibrio il corpo umano ha bisogno di una certa quantità di grassi. I grassi forniscono il doppio dell'energia dei carboidrati e sono necessari per l'assorbimento di alcune vitamine (vitamina A, D, E, K). Gli acidi grassi essenziali sono indispensabili per la salute. I grassi saturi sono di provenienza animale e si trovano anche nella noce di cocco; un loro eccessivo consumo può causare un alto livello di colesterolo nel sangue, malattie cardiovascolari e obesità. I grassi polinsaturi sono di provenienza vegetale e in misura moderata sono benefici per l'organismo. Tra questi, grassi alimentari quelli monoinsaturi sono considerati i più sani.

I grassi idrogenati e gli acidi grassi trans sono oli modificati per prolungarne la conservazione. Sono solidi a temperatura ambiente e spesso si trovano nella margarina, nei cibi raffinati e in quelli fritti. Sono piuttosto tossici poiché aumentano il colesterolo in misura maggiore rispetto ai grassi saturi e creano radicali liberi nel corpo. I radicali liberi sono molecole instabili di ossigeno che si legano ad elettroni liberi. Queste molecole sono molto reattive e possono provocare seri danni all'organismo, attaccando la struttura, la membrana, i lipidi, le proteine, il DNA e l'RNA cellulare. I radicali liberi accelerano il processo d'invecchiamento e sono anche la causa principale del cancro, delle malattie cardiache, dell'artrite, dei reumatismi, della gotta, della degenerazione cerebrale, del morbo di Parkinson, del morbo di Alzheimer e della senilità. I radicali liberi si possono combattere consumando frutta fresca, erbe e verdura.

Tra i grassi più sani indichiamo il ghee, gli oli vegetali di alta qualità e quelli ricchi in acidi grassi essenziali quali l'olio di semi di canapa, di semi di lino e di fiore di enagra. Coloro che hanno una digestione lenta, un colesterolo alto o disturbi legati a kapha dovrebbero limitare il consumo di olio.

Cibi fritti: la maggioranza del cibo fritto è cucinato con oli di bassa qualità e ad alte temperature. Gli oli usati per friggere sono spesso idrogenati e sono molto nocivi, come abbiamo spiegato in precedenza. I cibi fritti predispongono all'obesità, innalzano i livelli di colesterolo totale, favorendo l'insorgenza d'infarti e ictus. Friggere gli alimenti distrugge le loro proprietà, crea indigestione, causa stitichezza, acidità gastrica e molti altri problemi digestivi. Si consiglia di evitare questo metodo di cottura. Dovremmo soprattutto cercare di non usare per friggere olio di canola, di cartamo, di soia o di arachidi perché diventano rancidi più velocemente degli altri oli e sono cancerogeni. Se dovere friggere, è meglio utilizzare il ghee, che non altera la sua composizione chimica se sottoposto ad alte temperature.

Cibi privi di fibre: le fibre alimentari o la crusca di cereali sono essenziali nella nostra dieta. Le fibre alimentari riducono il colesterolo, controllano la glicemia, riducono la pressione arteriosa, assicurano una buona funzionalità intestinale, aiutano nella riduzione del peso e hanno un effetto disintossicante. La dose giornaliera di fibra alimentare consigliata in America (RDA) è di circa 30-40 grammi.

Cibi a basso contenuto di fibre: pane bianco, zuppe brodose, patatine, patatine fritte, pasta bianca, dolciumi, succhi di frutta, tutti i prodotti di origine animale, zucchero raffinato, uova, pizza, gelato, riso bianco, farina bianca, latte e grassi.

Cibi ad alto contenuto di fibre: cereali integrali, grano (soprattutto se in forma di germogli), avena, mais, orzo, miglio, quinoa, riso basmati, riso integrale, legumi, quasi tutta la verdura e la frutta.

Additivi chimici e conservanti: gli additivi chimici sono presenti nei prodotti alimentari di larga diffusione. Gli additivi sono usati potenzialmente in tutti i cibi raffinati e non, nella forma di: conservanti, sostanze tampone, emulsionanti, agenti neutralizzanti, agenti isolanti, stabilizzanti, agenti antiagglomeranti, aromatizzanti e coloranti. Hanno una vasta gamma di potenziali effetti negativi nell'organismo, quali allergie, asma, anafilassi, cefalea, disturbi del comportamento ADD/ADHD, alterazioni della funzionalità gastroenterica, flatulenza, diarrea e cancro.

Tra gli additivi più comuni evidenziamo il butilidrossianisolo (BHA) e il butilidrossitoulene (BHT), antiossidanti tossici per il sistema nervoso e immunitario. I coloranti rosso n. 2, 40 e giallo n. 5 sono cancerogeni. Il glutammato monosodico (MSG), a volte chiamato "sale cinese", è riportato correntemente sulle etichette con termini velati e generici come "aromi" o addirittura "aromi naturali". L'MSG è anche responsabile di decessi dovuti a reazioni anafilattiche. Per mantenere una buona salute consigliamo l'uso di alimenti privi di additivi chimici e non trattati.

Bevande gassate analcoliche: alle bevande analcoliche gassate vengono spesso aggiunti caffeina e zucchero raffinato. Gli americani bevono in media oltre 210 litri di bevande analcoliche in lattina l'anno. Il 56% dei bambini americani dell'età di otto anni beve quotidianamente bevande analcoliche in lattina, e un terzo degli adolescenti beve tre lattine di bevande gassate al giorno. Una lattina di 340 ml circa contiene fino a dodici cucchiaini di zucchero.

Anche le bevande analcoliche senza zucchero o senza caffeina possono contenere ingredienti tossici. L'acido fosforico e l'aspartame sono fra gli ingredienti più comuni. L'acido fosforico può interferire nella capacità dell'organismo di utilizzare il calcio, favorendo così l'osteoporosi e l'indebolimento dei denti e delle ossa. Questa sostanza neutralizza l'acido cloridrico secreto dallo stomaco, interferendo nel processo digestivo ed ostacolando l'utilizzo dei nutrienti. Nel 1994, uno studio condotto dall'Università di Harvard sulle fratture delle ossa negli atleti adolescenti, trovò un'importante correlazione tra il consumo di coca cola e l'insorgenza di fratture nelle ragazze quattordicenni. Il rischio di eventuali fratture ossee aumentava di circa cinque volte nelle ragazze che bevevano coca cola rispetto a quelle che non avevano questa abitudine.

L'aspartame è un dolcificante chimico usato comunemente come sostituto dello zucchero nelle bevande gassate dietetiche. Ci sono oltre 92 effetti collaterali associati all'assunzione di aspartame. Alcuni di questi sono: tumori cerebrali, malformazioni congenite, diabete, disturbi emotivi, epilessia e convulsioni. Quando poi l'aspartame è conservato a lungo o è posto in luoghi caldi si trasforma in metanolo, un alcol che si converte in formaldeide e in acido formico, noti per essere cancerogeni.

Cosa c'è nel tuo piatto?

Alcuni ricercatori hanno scoperto che anche solo due lattine di bevande analcoliche gassate possono sopprimere il sistema immunitario fino a cinque ore. Studi scientifici hanno dimostrato come l'assunzione di una o due bevande gassate al giorno possano aumentare il rischio di numerosi problemi legati alla salute quali l'obesità, il diabete, la carie, l'osteoporosi, l'insonnia, ADD/ADHD, dipendenza da caffeina, deficit nutrizionali, cardiopatie e vari disturbi neurologici.

Bere acqua pura è la forma migliore per assumere liquidi. Le aziende biologiche producono oggi bevande analcoliche gassate naturali, con estratti d'erbe e dolcificanti non raffinati. I succhi di frutta e le tisane sono altre alternative valide alle bevande gassate a base di sostanze artificiali.

Alcol: l'Ayurveda usa l'alcol come solvente per estrarre i principi attivi di alcune erbe. Il suo consumo abituale nello svago è sconsigliato poiché aggrava tutti e tre i tipi di dosha. L'alcol, inoltre, crea facilmente dipendenza ed il suo abuso porta alla depressione. È molto dannoso per il sistema nervoso causando neuropatie periferiche e demenza. Sottrae al corpo le vitamine del gruppo B, è epatotossico, danneggia le cellule del fegato, favorisce la cirrosi e il diabete. La sua azione irritante sulle mucose provoca gastriti ed ulcere; aumenta la possibilità di proliferazione della candida, la pressione arteriosa, abbassa il sistema immunitario e può causare la diminuzione della densità ossea. Gli effetti di un consumo eccessivo di alcol sono un senso di fatica, cefalea, nausea, disidratazione e stitichezza.

Abbiamo la benedizione di possedere un prezioso corpo umano. Nutriamo questo nostro corpo con alimenti sani e freschi così che possiamo servire, amare ed esprimere pienamente le nostre potenzialità nella vita.

Mangiare in modo dharmico

"L'alimentazione ha una grande influenza sul nostro carattere. Figli, dovreste aver cura di nutrirvi solo con cibo semplice, fresco e vegetariano (cibo sattvico). La natura della mente è determinata dall'essenza sottile del cibo che mangiamo. Un alimento puro crea una mente pura. Se non si abbandona il piacere della lingua, il piacere del cuore non può essere gustato".

– Amma

Salvare la vita degli animali potrebbe salvare la vostra stessa vita. Esistono numerose conferme che la dieta vegetariana e quella vegan sono le più sane. La ricerca scientifica evidenzia che l'eccessivo contenuto di colesterolo e grassi saturi nei prodotti animali conduce a cardiopatie, a numerose forme di tumore e anche ad obesità, diabete, ipertensione, artrite, gotta, calcoli renali e a molte altre malattie. Le imprese agricole moderne, inoltre, fanno largo uso di ormoni, antibiotici, fertilizzanti chimici e farmaci per aumentare la produzione e il profitto. I prodotti animali in commercio contengono una grande quantità di diserbanti e pesticidi. Consumando prodotti animali, questi veleni entrano nell'organismo intossicandolo.

Già negli anni sessanta gli scienziati avevano sospettato che l'aumento dell'arteriosclerosi e delle malattie cardiache fosse legata a una dieta a base di carne. Nel 1961, uno studio pubblicato nel *Journal of the American Medical Association* affermava: "Il 90-97 per cento delle malattie cardiache possono essere prevenute grazie a una dieta vegetariana". Da allora, molti studi clinici hanno provato scientificamente che, dopo il tabacco e l'alcol, il consumo di carne è la causa maggiore della mortalità in Europa, negli Stati Uniti, in Australia e in altre aree ricche del mondo.

Il nostro organismo non è in grado di metabolizzare quantità eccessive di grassi animali e colesterolo che si depositano così sulle pareti interne delle arterie, ostruendo il flusso sanguigno verso il cuore e provocando un rialzo della pressione arteriosa, malattie cardiache e patologie cerebrovascolari. Le ricerche condotte negli ultimi vent'anni pongono l'accento su una stretta relazione tra l'assunzione di carne e l'insorgenza di tumori al colon, al retto, al seno e all'utero. Un articolo nella rivista medica inglese *The Lancet* riporta: "Le persone che vivono in aree con alta incidenza di carcinoma del colon hanno tendenzialmente una dieta a base di grandi quantità di proteine e grasso animale; le aree con una bassa incidenza sono abitate da persone che vivono secondo una dieta tendenzialmente vegetariana e povera di grassi animali".

Perché coloro che mangiano carne sembrano più suscettibili a contrarre queste malattie? Una spiegazione fornita dai biologi e dagli esperti in scienze dall'alimentazione è che l'intestino umano non è adatto a digerire la carne. Gli animali carnivori hanno un tratto intestinale corto, lungo tre volte il loro corpo, per espellere rapidamente le tossine prodotte dalla carne. La lunghezza intestinale degli erbivori è sei volte quella del corpo, poiché il cibo vegetale si decompone più lentamente della carne. La lunghezza dell'intestino umano è simile a quella di un erbivoro.

Un altro inquietante problema legato alla carne è quello della contaminazione chimica. Una volta che l'animale è macellato, inizia a putrefare e dopo qualche giorno assume un colore verde-grigio. L'industria della carne nasconde questo scolorimento aggiungendo nitriti, nitrati e altri conservanti restituendo alla carne un color rosso brillante. Le ricerche d'oggi hanno però dimostrato che questi conservanti sono cancerogeni. L'aggiunta di sostanze chimiche nel cibo per il bestiame aggrava ulteriormente il problema. Gary e Steven Null autori del libro *Poison in Your Body* ci inducono a riflettere prima di comprare un'altra bistecca o del prosciutto: "Le mucche sono tenute vive e ingrassate tramite la continua somministrazione di tranquillizzanti, ormoni, antibiotici e altri 2.700 farmaci. Il processo inizia ancora prima della loro nascita e continua dopo la loro morte. Sebbene questi farmaci siano ancora presenti nella carne in vendita, la legge non richiede che siano riportati sulla confezione".

Per quanto riguarda le proteine, il dott. Paavo Airo, un esperto in scienze della nutrizione e scienze naturali, dichiara: "La quantità quotidiana di consumo di proteine ufficialmente raccomandata è scesa da 150 gr di vent'anni fa a 45 gr odierni. Perché? Perché la ricerca ha dimostrato che non abbiamo bisogno di così tante proteine e che il nostro fabbisogno quotidiano è di solo 35-45 grammi. Le proteine consumate in eccesso non solo non sono utilizzate, ma in realtà possono danneggiare l'organismo appesantendo la digestione. Per ottenere 45 grammi di proteine giornalieri non è necessario introdurre carne nella dieta: si possono facilmente ottenere da una dieta al 100% vegetariana attraverso una varietà di cereali, legumi, noci e frutta secca, verdure e frutta".

Uno dei principi fondamentali dell'ayurveda è quello di *ahimsa* (non violenza). Uccidendo gli animali non solo si commette loro violenza, ma si danneggia l'ambiente e tutti gli uomini che soffrono di fame nel mondo. Un numero sorprendente di persone non considera il pesce come carne. I pesci sono animali e soffrono quando vengono uccisi. Quando un animale è ucciso, libera nel corpo gli ormoni della paura e altre tossine, che sono infine ingeriti e assorbiti nel corpo da coloro che lo mangiano. Le vibrazioni emotive negative entrano poi nella coscienza dell'uomo. Peraltro, la carne è una sostanza morta, completamente priva di *prana* (forza vitale). Ecco perché l'ayurveda sostiene che la carne produca tamas (fiacchezza/oscurità) nella mente e nel corpo.

Albert Einstein ha detto: "Il nostro fine è di liberare noi stessi, allargando il nostro cerchio di compassione per abbracciare tutte le creature viventi, la natura e la sua bellezza. Nulla può arrecare più beneficio alla salute umana e aumentare le possibilità di sopravvivenza sulla terra quanto un'evoluzione che ci porti verso una dieta vegetariana".

Nell'antica epopea indiana *Mahabharata* sono riportate numerose affermazioni contro l'uccisione degli animali. "Chi può essere più crudele ed egoista di colui che desidera accrescere la propria carne nutrendosi della carne di una creatura innocente? Coloro che vorrebbero avere una buona memoria, bellezza, longevità, salute perfetta, forza fisica, morale e spirituale dovrebbero astenersi dal mangiare cibo animale".

Oltre alle implicazioni legate alla salute e all'etica, uno stile di vita basato su una dieta vegetariana e vegan possiede una dimensione spirituale più elevata e ci aiuta a sviluppare il nostro innato senso di gratitudine e amore per Dio.

Porre fine alla fame nel mondo

"Colui che ha fede e devozione per Dio, nate dalla propria innata innocenza, scorge Dio in ogni cosa, in ogni albero e animale, in ogni aspetto della Natura. Questo atteggiamento ci permette di vivere in armonia e in sintonia con la Natura. È sbagliato sprecare per incuria o per mancanza di attenzione. Ogni oggetto è stato creato per essere usato, ogni elemento nella creazione ha un suo preciso scopo".

– Amma

Molte persone diventano vegetariane per motivi ambientali o socio-economici. Madre Terra ha risorse limitate che devono essere usate con coscienza e saggiamente. Seguire una dieta vegetariana è uno dei modi migliori per conservare le risorse naturali e mantenere un'economia equilibrata. La carne nutre pochi a spese di molti. Per produrre carne i cereali, che potrebbero nutrire molte persone, diventano invece cibo per il bestiame.

Secondo le informazioni del Dipartimento di Agricoltura degli Stati Uniti, più del 90% dei cereali prodotti in America sono destinati a diventare mangime per il bestiame – mucche, maiali, pecore e polli – che finiscono poi sulle tavole. Coltivare cereali per produrre carne è uno spreco enorme. Le cifre mostrano che da circa sette chili di cereali usati per nutrire il bestiame, si ricava solo mezzo chilo di carne.

Nel libro *Diet for a Small Planet* Frances Moore Lappe ci chiede di immaginarci seduti su una bistecca di 250 grammi. "Immaginate poi nella stanza 45-50 persone con delle ciotole vuote davanti a loro. Con il costo della vostra bistecca, ognuna di queste ciotole potrebbe essere riempita con dei cereali cotti".

Le nazioni ricche non solo sprecano i cereali per nutrire il loro bestiame, ma usano le piante ricche di proteine provenienti dai Paesi più poveri. Il dott. Gorge Borgstrom, un'autorità in geografia alimentare, stima che in Africa più di un terzo del raccolto di semi oleosi (ricchi di proteine) finisce nello stomaco dei bovini e del pollame delle cucine dell'Europa occidentale.

Nei Paesi in via di sviluppo, una persona consuma in media circa 181 kg di cereali l'anno. "Per contro", dice Laster Brown - uno dei maggiori esperti al mondo per quanto riguarda il cibo, "una persona carnivora consuma in media circa 907 kg di cereali l'anno, di cui il 90% è necessario per nutrire gli animali destinati al macello. In media, chi mangia carne usa cinque volte più risorse rispetto al vegetariano medio". Alla luce di questi fatti, gli esperti d'alimentazione hanno concluso che la fame nel mondo può essere evitata. Persino ora stiamo producendo nel pianeta più del cibo necessario per ogni abitante. Purtroppo lo stiamo ripartendo nel modo sbagliato, sprecandolo. Jean Mayer, esperto in scienze dalla nutrizione ad Harvard, afferma che se diminuissimo la produzione di carne anche solo del 10% otterremmo una distribuzione di cereali sufficiente a sfamare 60 milioni di persone.

Esaurire le risorse

*"Soltanto quando l'ultimo albero
sarà stato abbattuto,
l'ultimo fiume sarà stato avvelenato
e l'ultimo pesce catturato,
capiremo che non è possibile
mangiare il denaro".*

– Cree Prophecy

• Un acro (circa 4 mila metri quadrati) di terra può produrre circa nove tonnellate di patate e la stessa terra può produrre solo circa 75 kg di carne.

Esaurire le risorse

- Ci vogliono circa 7 kg di cereali per produrre circa mezzo chilo di carne.
- Più della metà degli acri di un raccolto servono per alimentare il bestiame.
- Sono necessari circa 1,40 ettari di terra per nutrire chi consuma una dieta a base di carne, 0,6 ettari per chi segue una dieta latto-ovo-vegetariana e circa 650 metri quadrati per nutrire chi è vegano.
- Occorrono oltre novemila litri d'acqua per produrre circa mezzo chilo di carne, più di quindicimila litri d'acqua per fornire il cibo quotidiano a una persona carnivora, circa quarantacinque ettolitri d'acqua per chi segue una dieta latto-ovo-vegetariana e circa dodici ettolitri per una persona vegana.
- Le nazioni in via di sviluppo usano prevalentemente la loro terra per allevare il bestiame destinato alle nazioni più ricche, invece di utilizzarla per un'agricoltura sostenibile.
- Per offrire un pascolo al loro bestiame, l'America centrale e meridionale sta distruggendo le foreste tropicali che, da sole, contengono circa la metà di tutte le specie viventi sulla terra, incluse migliaia di piante medicinali. Ogni anno, oltre mille specie di piante sono in via d'estinzione, provenienti in maggioranza da aree delle foreste

tropicali sfruttate dalle industrie della carne. Il disboscamento sta rapidamente producendo l'emigrazione di popolazioni indigene che hanno vissuto per secoli in armonia su queste terre. La deforestazione contribuisce inoltre al surriscaldamento terrestre.

• Per ogni acro di foresta abbattuta per scopi umani, sette acri sono destinati a coltivare cereali per il bestiame. Questo tipo di politica sta distruggendo rapidamente le foreste rimaste.

• Lo strato superficiale del terreno è formato da un terriccio ricco e scuro che fornisce le sostanze nutrienti alle piante che coltiviamo. Occorrono più di cinquecento anni per creare 2,5 cm di questo strato superficiale. La deforestazione in atto per l'allevamento del bestiame sta rapidamente esaurendo questo terriccio.

• L'acqua è contaminata dai prodotti chimici usati in agricoltura per l'allevamento del bestiame. A causa dell'inquinamento dell'acqua dolce, stiamo rapidamente esaurendo le risorse d'acqua potabile.

Vitamine e nutrienti

Molte persone sono state condizionate a credere che solo il consumo di carne e di prodotti animali possa assicurare un sufficiente apporto di proteine,

vitamine, minerali e nutrienti. In verità, numerosi alimenti offrono una vasta gamma di scelte nutritive adeguate. Madre Natura fornisce un'abbondanza di nutrienti derivati dal regno vegetale.

Proteine - La combinazione dei cereali coi legumi ci fornisce tutti gli aminoacidi essenziali per la sintesi proteica. Nell'ayurveda c'è un piatto tradizionale - il *kitchari* - composto da riso basmati e mung dhal, che costituisce un pasto completo anche a livello proteico. Semi di canapa, cereali farinosi e in chicchi, noci e semi oleosi, fagioli, lenticchie, cavolo, bietole, latticini biologici, spirulina e tutti gli ortaggi o microalghe ad alto contenuto di clorofilla (green superfood) contengono proteine. Anche il ragi (miglio nero) e la quinoa ne sono particolarmente ricchi. Le piante, in particolare gli ortaggi a foglia verde, le micro alghe e le alghe di mare contengono tantissimi aminoacidi, i "mattoni" che formano le proteine. La polvere proteica ottenuta dalla canapa e dal riso è un alimento facilmente assimilabile e ad alto contenuto proteico. Anche se i derivati della soia contengono proteine, dovrebbero essere utilizzati con cautela, poiché l'eccessiva lavorazione a cui sono sottoposti e la presenza di OGM li rende spesso indigesti. Il tempeh è una forma di soia che molti trovano più digeribile. Nell'ayurveda, per ragioni *karmiche* e perché rafforzano pitta e kapha, il consumo di uova non è consigliato. Le uova aumentano anche i livelli ematici di colesterolo e indeboliscono il fuoco gastrico. Se decidete di mangiarle, non scegliete quelle di batteria perché provenienti da galline maltrattate e costrette a vivere in condizioni di estrema sofferenza. La maggior parte delle uova in commercio provengono da allevamenti intensivi.

B12: La B12 è una vitamina responsabile della formazione dei globuli rossi e di un buon funzionamento del sistema nervoso. È spesso carente nei regimi vegetariani e vegan, essendo contenuta prevalentemente nella carne. La si trova nelle alghe marine e nelle microalghe come la spirulina e nella soia. Molti cibi specifici per vegetariani e vegan che si trovano in commercio sono stati arricchiti con questa vitamina. I fiocchi con aggiunta di lievito alimentare, i burger e gli hot dog vegetariani, le cotolette vegetariane, tutti i tipi cereali, il latte di riso, di canapa e di mandorle, forniscono un discreto apporto di vitamina B12.

Vitamina D: La vitamina D regola l'assorbimento e l'escrezione del calcio, in particolare quando i suoi livelli nel sangue sono bassi. La troviamo in particolare nel pesce e nelle uova, in piccola quantità nei latticini e in gran quantità nei fiocchi a cui è stato aggiunto del lievito alimentare. Come per la B12, molti alimenti per vegetariani e vegan sono fortificati con una quantità adeguata di vitamina D. La migliore sorgente di vitamina D proviene dal sole: un'esposizione al sole al mattino presto o al tardo pomeriggio per 10-15 minuti, due-tre volte a settimana, basta per assicurarci un sufficiente apporto di vitamina D.

Calcio: Il calcio è la base per la crescita e per una buona salute delle ossa, dei capelli, delle unghie, della pelle e delle articolazioni. Si ritiene erroneamente che la migliore fonte di calcio si trovi nel latte e nei prodotti caseari. Studi recenti hanno dimostrato che le proteine instabili contenute nel latte omogeneizzato estraggano i minerali, incluso il calcio, dal corpo. Lo studio clinico condotto ad Harvard e durato dodici anni su un campione di 78.000 donne ha dimostrato che chi beveva ogni giorno due bicchieri di latte omogeneizzato e pastorizzato aveva maggiori possibilità di fratturare le ossa e il bacino rispetto a chi non beveva latte o ne beveva solo un bicchiere. Il latte omogeneizzato, quindi, non protegge dall'osteoporosi. In molti Paesi, inoltre, dove i prodotti caseari non fanno parte della dieta quotidiana, l'osteoporosi è poco diffusa. I semi di sesamo, soprattutto in forma di tahini nero, contengono la maggiore concentrazione di calcio. Nel regno vegetale, il calcio si trova negli ortaggi a foglia verde, nella frutta essiccata, nelle noci, nei semi oleosi, nel ragi (miglio nero), nel latte di cereali e nei cereali arricchiti con calcio.

Vitamine e nutrienti

Ferro: La carenza di ferro può manifestarsi attraverso sintomi quali pallore della pelle, unghie fragili, astenia, anemia, fragilità ossea, dispnea, disturbi mestruali, malfunzionamento dei meccanismo di controllo della temperatura corporea, inappetenza, apatia e anemia. I latticini omogeneizzati, il caffè, lo zucchero artificiale e quello raffinato e il tè nero inibiscono l'assorbimento di ferro, mentre invece la vitamina lo facilita. Il ferro è presente in discreta quantità nei fagioli, nei semi di zucca, nella melassa nera, nei datteri, nell'uva sultanina, nei chicchi e nelle alghe.

È preferibile soddisfare i fabbisogni nutrizionali consumando cibi integrali e genuini. In alcune situazioni, quando non si può fare altro, si può ricorrere ai supplementi. Tutte le vitamine e i minerali nominati in precedenza sono disponibili anche come integratori. É importante sapere che molti supplementi in commercio contengono addensanti e sostanze riempitive che interferiscono, di fatto, con l'assorbimento delle vitamine e dei minerali. Si raccomanda quindi di leggere l'origine o la provenienza degli ingredienti. A volte occorre aumentare la dose quotidiana consigliata riportata sull'etichetta. I minerali e le vitamine liquide si assimilano più facilmente perché entrano direttamente in circolo. I vegetariani dovrebbero evitare integratori contenenti gelatina, un prodotto di origine animale ottenuto dalla lavorazione di zoccoli, ad esempio, di maiali e cavalli.

I prodotti per la cura del corpo e per la pulizia della casa

La pelle è l'organo più esteso del corpo umano e ha un assorbimento immediato di molte sostanze con cui viene a contatto. Gli ingredienti contenuti nei prodotti per la cura del corpo, dopo essere penetrati attraverso la cute, raggiungono dapprima il circolo sanguigno e linfatico e poi gli organi, in particolare il fegato. Agenti chimici nocivi, conservanti, zucchero raffinato e altri composti di sintesi sono inseriti, spesso anche occultamente, in questi prodotti di largo consumo. I detergenti di uso domestico sono spesso composti da sostanze chimiche dannose, che non solo vengono assorbite dalla cute, ma penetrano nel corpo attraverso le vie respiratorie quando ne inaliamo i vapori. Per una buona salute, si consiglia di svegliere prodotti per la cura del corpo e per la pulizia della casa completamente naturali.

I prodotti per la cura del corpo e per la pulizia della casa

Alcuni composti etichettati come "di origine naturale" possono contenere sostanze chimiche dannose derivanti dal processo di lavorazione e assenti in natura.

Le etichette dei cosmetici, dei prodotti per la pelle e per la pulizia della casa, riportano le descrizioni delle sostanze che li compongono con termini chimici. Le marche più diffuse di shampoo e detergenti "a base di erbe" o "naturali" usano ancora questi agenti chimici nocivi come principale componente attivo. Fermatevi a leggere le etichette, cercando di evitare questi ingredienti pericolosi che si trovano comunemente nei dentifrici, shampoo, balsami, deodoranti, saponi, lozioni, filtri solari, articoli per il trucco e per la toletta, e talvolta anche negli alimenti.

L'acetone è una sostanza neuro tossica: provoca una forte irritazione della cute e degli occhi e può avere effetti dannosi sull'apparato respiratorio e sul sistema nervoso.

L'alluminio è un ingrediente diffuso in molti prodotti antitraspiranti. Si può trovare persino nei prodotti alimentari, per esempio nel lievito chimico. Produce numerose tossine che si acculano nella linfa e sembra favorire l'insorgenza del tumore al seno. Provoca degenerazioni a livello neurologico e malattie quali il morbo di Alzheimer e di Parkinson.

È stato dimostrato come i **coloranti artificiali** possano essere cancerogeni a contatto con la pelle. Contengono spesso tracce di metalli pesanti come, per esempio, l'arsenico e il piombo e sono cancerogeni.

Il **Butilidrossianisolo (BHT)** e il **Butilidrossitoulene (BHA)** contenuti sia nei prodotti alimentari che in quelli per la cura del corpo, sono cancerogeni e corrosivi. Possono corrodere anche il metallo e provocano dermatiti e irritazioni cutanee e oculari.

Il **Dietanolammide (DEA)** o il **monoetanolammide (MEA)**, acidi grassi del cocco, e il **Lauramide DEA** hanno un effetto irritante a contatto con la pelle e con gli occhi. È stato dimostrato che l'uso frequente di detergenti a base di DEA provochi una maggior incidenza di tumori al fegato ed ai reni.

La **formaldeide** è largamente usata nella cosmesi ed è un ben noto agente irritante degli occhi, del naso e della gola. Può causare tosse, attacchi asmatici, esantemi cutanei, epistassi, cefalee e vertigini. È conosciuto per essere un forte immunosoppressore.

I prodotti per la cura del corpo e per la pulizia della casa

Profumi è un termine applicato spesso a una grande varietà di composti chimici. Molti di questi "profumi" sono responsabili di malformazioni congenite, danni funzionali degli organi dell'apparato riproduttivo e danni al fegato negli animali da laboratorio. Le industrie chimiche non hanno l'obbligo di elencare le sostanze indicate con questo termine, ma gli ingredienti più comunemente usati comprendono il cloruro di metilene, il toluene, il metilchetone, il metilisobutilchetone, l'alcool etilico ed il benzoil cloruro. Queste sono tutte sostanze pericolose e responsabili di fenomeni allergici.

Oli minerali, olio di vaselina, cera e olio di paraffina, paraffina liquida, cherosene e i **parabeni** (metile, propile, butile) sono derivati del petrolio raffinato e greggio. Essi interferiscono con la naturale barriera protettiva della pelle e ostacolano la rimozione delle tossine. Favoriscono l'acne, le patologie a carico della cute e un invecchiamento precoce della pelle.

Il **glicolpropilene** (**PG**) (1,2- Propanedial) è il principio attivo usato nei prodotti antigelo; è un derivato del petrolio e indebolisce la struttura cellulare. È sufficientemente potente per rimuovere i cirripedi (piccoli crostacei marini che vivono attaccati a corpi sommersi, N.d.T.) dalle navi e ha un'azione irritante sugli occhi, sulla gola, sulle vie respiratorie e sulla cute. Come per l'alluminio impiegato nei deodoranti, il PG blocca la naturale traspirazione, causando un accumulo di tossine nella linfa e favorendo l'insorgenza del tumore al seno.

Il **laurisolfato di sodio (SLS)**, contenuto in quasi tutti gli shampoo, può provocare irritazioni oculari e al cuoio capelluto e causare gonfiore delle mani, del viso e delle braccia. Il lauritelene solfato (SLES) è comunemente contaminato con la diossina, noto cancerogeno. Il laurisolfato di sodio presente nei nostri saponi viene impiegato anche per pulite le auto e per sgrassare i motori delle macchine nelle officine meccaniche. È ritenuto responsabile di molti problemi di salute che vanno dalla sindrome premestruale ai sintomi connessi con la menopausa, alla diminuzione della fertilità maschile e all'aumento di tumori femminili.

Digiuno e salute

Nella società moderna, il nostro corpo è costantemente aggredito dalle tossine e il digiuno è un modo eccellente per rimuoverle. Nella medicina ayurvedica astenersi dal cibo è considerato una delle forme più potenti di guarigione. Eliminare le scorie accumulate può risolvere la malattia all'origine. L'accumulo è il primo stadio della patogenesi, dello sviluppo della malattia.

Amma raccomanda alle persone in buona salute di digiunare una volta a settimana per consentire al corpo di depurarsi, riattivare il fuoco gastrico e riequilibrare il metabolismo. Riducendo le tossine nel corpo, si acquisice maggiore chiarezza mentale e forza fisica. Il digiuno aiuta anche il corpo a combattere le malattie, specialmente raffreddori, virus e infezioni. Ai primi sintomi, si consiglia di mangiare cibi leggeri o addirittura astenersi dal cibo così da permettere all'organismo di rinnovarsi. Sarebbe preferibile digiunare bevendo solo acqua e, ove non fosse possibile, bevendo tisane, succhi di frutta o acqua di cocco fresco.

Amma paragona l'apparato digestivo a una macchina che non riposa mai a meno che non si osservi il digiuno. Qualsiasi macchina in funzione 24 ore al giorno per anni è destinata a rompersi prima o poi. L'astensione dal cibo permette al sistema digestivo di avere il suo meritato giorno di riposo.

Digiuni più lunghi dovrebbero essere intrapresi sotto la guida di un esperto, poiché gli alimenti assunti prima e dopo questo periodo hanno un impatto notevole sull'organismo.

Consigli alimentari durante il panchakarma

Il *Panchakarma* è un metodo ayurvedico di profonda pulizia a livello cellulare. Il termine *panchakarma* significa "cinque azioni". Durante questo trattamento si rimuovono le tossine dal corpo fisico e sottile e si ha un'efficace azione rivitalizzante sulle ossa, sui nervi, sui muscoli, sui sensi e sulla mente.

Durante il panchakarma è essenziale seguire una dieta appropriata. Il corpo attraversa un processo di trasformazione profonda e alimentarsi adeguatamente favorisce questo procedimento. Un'alimentazione scorretta impedisce una buona depurazione e può addirittura spingere le tossine a un livello più profondo.

La dieta ideale durante il panchakarma consiste in cibo leggero, nutriente e facilmente digeribile come verdure e *kitchari*. Sarebbe meglio evitare di mangiare dopo le 18 poiché il fuoco gastrico è più debole. Il cibo consumato la sera non è digerito bene e forma *ama* (tossine). Qualora fosse necessario mangiare di sera, scegliete un brodo di riso (*kanji*) o di verdure.

Le seguenti raccomandazioni dietetiche intendono aiutare chi segue trattamenti panchakarma sotto la guida di medici esperti.

Alimenti che assistono il processo di purificazione

- *Kitchari* (mung dhal giallo o soia gialla spezzata e riso basmati cucinato con ghee e poche spezie).
- Verdure bollite o leggermente cucinate senza spezie.
- Zuppa leggera di verdure.
- Bere almeno 2-3 litri d'acqua al giorno per aiutare il processo di depurazione.
- Bere acqua di cocco fresco – la polpa di cocco fresco (morbida) va bene se assunta con moderazione.
- Ghee nel cibo – un cucchiaino per kapha, un cucchiaino e mezzo per pitta, un cucchiaio per vata per pasto.
- Porridge non di grano ma di cereali come avena integrale o ragi (miglio nero).

- *Idly* o *dosa*.
- *Kanji* (brodo di riso).
- Tisane: tulasi, zenzero, cardamomo, cannella o altre tisane secondo il proprio dosha.
- Succo d'uva non zuccherato.

Alimenti da assumere con moderazione durante il Panchakarma

- Succhi d'arancia, di ananas e di melagrana.
- Il siero di latte è permesso una o due volte la settimana.
- Frutta secca (mandorle fresche, a bagno nell'acqua e pelate – non più di 10 al giorno), niente frutta secca per le persone pitta.
- Sale e cibi pungenti (aglio, cipolla e peperoncino).
- Cibi acidi (sottoaceto, aceto e limoni).

Alimenti da evitare durante il Panchakarma

- I latticini (latte, yogurt, chai, burro, ecc.) ostruiscono i canali e ostacolano il processo di depurazione.
- Cibi fritti.
- Zucchero raffinato.
- Tè, caffè e bevande eccitanti.

- Cibo molto piccante.
- Gelato, bevande analcoliche, acqua e succhi di frutta ghiacciati.
- Uova, formaggio, soia e i suoi derivati.
- Tutti gli alimenti contenenti frumento e lievito (*uppama*, pane, pasta, biscotti, *muffin*).
- Alimenti crudi.
- Verdure che producono vata (aria): cavolfiore, broccoli, cavolo e ceci.
- Solanacee (patate, pomodori, melanzane e peperoni).
- Funghi.
- Arachidi e burro di arachidi.

Nota: le raccomandazioni sopra citate intendono essere una guida generale e non si riferiscono a dosha specifici. Se necessario, sostituire alcuni alimenti per rispondere alle necessità del vostro corpo.

Mangiare con consapevolezza

"Non mangiate mai troppo. Metà dello stomaco dovrebbe essere riempito con il cibo, un quarto con i liquidi e la parte rimanente dovrebbe restare libera per il movimento dell'aria. Meno mangiate e meglio riuscirete a controllare la mente. Non dormite o meditate subito dopo un pasto; se lo fate

non sarete in grado di digerire il cibo in maniera appropriata. Ripetere sempre il vostro mantra quando mangiate purificherà sia il cibo che la vostra mente".

– Amma

L'ambiente, i pensieri e i comportamenti abituali che abbiamo mentre mangiamo influenzano sia la nostra salute che il cibo che assumiamo.

Mangiare con consapevolezza

L'Ayurveda raccomanda di mangiare in un ambiente pulito, raccolto e tranquillo. Prima d'iniziare un pasto ringraziate per il cibo, calmate la mente e vivete il momento presente. Lavorare, leggere, guardare la televisione e parlare troppo durante i pasti distoglie il corpo e la mente dal processo digestivo. Mangiare quando si è stressati o emotivamente turbati interferisce con il processo digestivo; nutrirsi con alimenti preparati con amore aumenta la vitalità. La digestione inizia dalla bocca. Il Mahatma Gandhi ha detto: "Masticate le bevande e bevete il cibo". Masticare il cibo fino a quando è diventato liquido in bocca facilita la funzione digestiva dello stomaco.

La quantità di cibo e il numero di volte che mangiamo al giorno hanno anche un impatto considerevole sul nostro benessere. Amma sottolinea spesso che non dovremmo sprecare il cibo. È meglio iniziare con piccole porzioni invece di gettare poi il cibo avanzato. È consigliabile non mangiare immediatamente dopo un'attività fisica o quando non si ha appetito. Gli organi funzionano differentemente in rapporto alle diverse ore del giorno. Il corpo assimila più facilmente la colazione tra le sei e le otto del mattino, il pranzo tra le dieci e le due del pomeriggio e la cena tra le cinque e le sette di sera. È anche importante che ci sia il tempo necessario per digerire tra un pasto e l'altro. L'Ayurveda suggerisce intervalli di 3-6 ore tra i pasti.

Dopo le sette di sera il corpo ha già arrestato la sintesi di molti enzimi digestivi; mangiando dopo tale ora, il cibo rimane nello stomaco tutta la notte senza essere digerito, non permettendo agli altri organi di rigenerarsi completamente. Il cibo indigesto si trasforma in tossine che ci fanno sentire stanchi e apatici la mattina seguente. Saltare la cena è uno dei modi migliori per regolarizzare il metabolismo, il peso e aiutare il corpo a rigenerarsi velocemente. Se la sera avete fame, prendete una zuppa leggera o una tisana. Molte persone ritengono che mangiare leggero la sera dia maggiore chiarezza ed energia il giorno dopo.

Anche quello che beviamo durante i pasti influenza la digestione. Le bevande fredde indeboliscono il fuoco gastrico; cerchiamo quindi di non bere durante i pasti per non diluire gli enzimi digestivi. Se è necessario che beviate, scegliete di bere una tisana o dell'acqua a temperatura ambiente dieci o quindici minuti prima o mezz'ora dopo i pasti. Evitate di mangiare quando avete sete e di bere quando avete fame.

Mangiare con consapevolezza

L'Ayurveda raccomanda di includere tutti i sei gusti in ogni pasto: dolce, agro, salato, amaro, pungente e astringente. Ogni sapore ha il suo effetto armonizzante; includere ognuno di esso riduce lo spizzicare ed equilibra l'appetito e la digestione. In generale si preferiscono alimenti con sapori dolci, aspri e salati rispetto a quelli amari, pungenti e astringenti. Usando differenti spezie si bilanciano i sei sapori mantenendo la semplicità dei cibi.

Scegliete possibilmente calimenti sattvici, integrali, freschi, di stagione e locali, evitate quelli troppo pesanti o troppo leggeri. Cibi eccessivamente piccanti causano infine debolezza. e i cibi troppo freddi o secchi rallentano la digestione. Cucinare troppo i cibi, riscaldarli o lasciarli scoperti per molte ore una volta cotti, distrugge i loro nutrienti e ne riduce la vitalità.

Oltre ad iniziare un pasto con consapevolezza, si consiglia anche di terminarlo con attenzione cosciente. Cercate di mangiare in modo da impiegare i ¾ della vostra capacità digestiva: non alzatevi da tavola affamati o troppo sazi. Quando avete finito, rimanete seduti tranquilli per qualche minuto prima di riprendere le vostre attività.

Uso terapeutico del cibo

C'è una profonda verità nella famosa massima "fa' che il cibo sia la tua medicina". La seguente tabella, sebbene non completa, fornisce consigli generali per curare con gli alimenti varie patologie. Questa è una lista di cibi che può essere utile a coloro che soffrono dei disturbi riportati. Consumare questi alimenti mentre seguiamo un trattamento medico o a base di erbe aumenta il loro potere curativo.

Uso terapeutico del cibo

Malattia	Alimenti Curativi
Acne	Carote, patate, bardana, spinaci, uva, alghe marine, barbabietole, cetrioli.
Allergie	Miele (locale/non trattato), carote, barbabietole, spinaci, sedano, pepe di cayenna, uva, ortica, aglio, cipolla, mirtilli, zenzero, rafano. Evitare latticini, grano, zucchero raffinato, additivi chimici e cibo di produzione industriale.
Anemia	Barbabietole, carote, datteri, verdura verde, frutti di bosco, riso integrale, melagrane, bardana.
Artrite	Riso basmati, dhal con aglio, salsa d'aglio, latte con curcuma, kitchari, verdure a foglia verde scuro bollite, alghe marine, ortaggi o microalghe ad alto contenuto di clorofilla.
Asma	dhal, uva, zuppa di broccoli con aglio, senape, cumino, pepe, latte di zenzero.
Candidosi	Aglio cotto, verdure a foglia verde scuro, alghe marine. Evitare grano/ latticini/zucchero bianco e lievito.
Cardiopatie	Alfa alfa, carote, verdure in radice, verdure a foglia verde scuro, cereali integrali, cavolo rosso, fagioli, mele, frutti di bosco. Evitare carne e latticini.
Cistifellea	Alfa alfa, bardana, daikon, germogli, aloe, tarassaco, anice, noci.
Colesterolo alto	Avocado, avena, alfa alfa, cereali integrali, mele, semi di canapa, olio di semi di canapa, fichi, aglio.
Colite (Sindrome dell'intestino irritabile)	Kitchari, lenticchie, okra, psillio. Evitare grano, glutine, tutti i tipi di noci e semi, latticini, aloe vera.

La nutrizione secondo l'Ayurveda

Deficit del sistema immunitario	Alfa alfa, verdure a foglia verde, aglio, frutta, frutti di bosco, bardana, integratori alimentari specifici.
Deficit renale	Anguria (sconsigliata ove vi sia edema), asparagi, prezzemolo, lattuga, fagioli azuki, ortica, verdure a foglia verde scuro, barbabietole, sedano, poco sale.
Diabete	Miglio, mais, verdure in foglie, melone amaro, frutti di bosco, okra, curcuma, fagioli, foglie d'alloro, tulasi, cannella, chiodi di garofano, cumino, coriandolo. Evitare grano e riso.
Diarrea	Riso, banane acerbe, cereali.
Dissenteria	Stessi rimedi della diarrea con l'aggiunta di un pizzico di noce moscata.
Disturbi agli occhi	Una bustina tiepida di camomilla o tè nero sugli occhi stanchi o gonfi, carote, kale (varietà di cavolo), zucca.
Disturbi alle articolazioni	Alfa alfa, spinaci, zenzero, quinoa, curcuma, amaranto, prezzemolo, rosmarino, yam, radici, mirtilli, ghee, olio di semi di canapa.
Disturbi dell'apparato riproduttivo	Aglio, cipolla, latte non trattato, mandorle, datteri, anacardi, barbabietole, bardana.
Disturbi della coagulazione del sangue	Latte di zafferano, latte di cocco, budino di riso (il calcio aiuta il processo di coagulazione del sangue)
Disturbi premestruali	Fagioli, alghe marine, carote, mele, bardana, barbabietole, cacao non trattato; evitare caffeina e alcol.

Uso terapeutico del cibo

Emicrania	Banane mature cotte con ghee, cardamomo e noce moscata. Applicare un impasto di noce moscata sulla fronte.
Emorragie esterne	Applicare pepe di cayenna sulla ferita come emostatico.
Emorroidi	Avena, fagioli, curcuma, aloe vera, barbabietole, melagrane evitare solanacee.
Eruzioni cutanee	Aglio, curcuma, cavolo, pere, uva rossa, ortica, cetriolo, papaya verde, tulasi, anguria, ghee applicato localmente.
Febbre	Riso non raffinato ben cotto, tapioca, foglie di tulasi.
Foruncoli	Curcuma (sia per uso interno che esterno), bardana, barbabietole, verdura a foglia verde, alghe marine.
Glicemia alta	Lenticchie, verdure a foglia verde scuro, fagioli, pepe di cayenna, cannella, curcuma, bardana, daikon, ravanelli, alghe marine, ortaggi o microalghe ad alto contenuto di clorofilla. Ridurre la frutta.
Infestazione da parassiti/vermi	Semi di zucca, semi di papaya, aglio, riso integrale, semi di albicocca. Evitare zucchero, frutta/grano/glutine/alcol.
Infezioni alle vie urinarie	Succo di ribes rosso (senza zucchero), crescione, cetriolo, frutti di bosco, limone, ortica, bardana, tarassaco, riso integrale, kichari.
Influenza/ raffreddore	Tulasi, zenzero, pepe nero, tisane di cardamomo e zenzero, aglio.
Insonnia	Latte con aglio e un pizzico di curcuma, noce moscata, cereali integrali.
Intossicazione alimentare	Miele, yogurt con fermenti lattici vivi, coriandolo, curcuma, zenzero.

Intossicazione del fegato	Succo di zucchero di canna fresco (disintossicante del fegato), cavolo, barbabietole, daikon, ravanelli.
Ipertensione	Riso basmati, mung dhal, kitchari, coriandolo, acqua di cocco, tisane diuretiche.
Ipertiroidismo	Aloe vera, kelp, alghe marine, zuppa di lenticchie rosse, verdure a foglia verde scuro.
Ipotiroidismo	Aloe vera, kelp, alghe marine, orzo, miso, verdure a radice, cavolo rosso.
Mal d'orecchie	Olio d'aglio (bollito in olio di sesamo fino a quando diventa scuro), 5 gocce nelle orecchie.
Mal di denti	Chiodi di garofano, aglio crudo (masticare o tenere in bocca), prezzemolo, succo di erba di grano.
Mal di gola	Limone, tisane con zenzero e miele, pepe di cayenna. Consultare anche la sezione influenza/raffreddore.
Mal di stomaco	Zuppa o succo di zenzero, papaya, menta piperita, semi di papaya, miso.
Mal di testa	Consumare molta acqua, succhi, limone, proteine quali semi di canapa, dhal, fagioli.
Menopausa	Verdure a foglia verde, yam, basilico, alghe marine, carote, fagioli, avena.
Obesità	Succo di pompelmo, insalata, verdure bollite, barbabietole, cavolo, papaya matura e verde (non matura), zenzero, pepe, frutti di bosco, ravanelli.
Osteoporosi	Verdure a foglia verde, asparagi, quinoa, amaranto, mele, banane, alghe marine, mandorle. Evitare latticini omogeneizzati e pastorizzati.

Uso terapeutico del cibo

Problemi della pelle (eczema, psoriasi)	Succo di coriandolo, succo di cetriolo (sia per uso esterno che interno), strofinare la parte interna del melone sulla pelle, succo di melagrana, avocado, papaya, aloe, frutti di bosco. Evitare latticini/grano/zucchero raffinato.
Stitichezza	Consumare molta acqua, fibre, verdura, frutta, succhi di barbabietola, prugne secche, succhi di prugna.
Stress	Tisane di tulasi, frutti di bosco, miso, alghe marine, ortaggi o microalghe ad alto contenuto di clorofilla, verdure a foglia verde scuro, yam, zucca, mele cotte, uva rossa, latte non trattato tiepido con curcuma fresca.
Tosse	Zuppa di lenticchie, zuppa di broccoli o verdura con aglio, senape, cumino, zenzero, agrumi, cipolla, tulasi, miso, cardamomo, finocchio.
Tumori	Tulasi, tè di erbe ESSIAC□ (controllate www.essiacinfo.net) succhi di verdure fresche e verdura a foglia verde, succhi di frutta fresca, curcuma, origano, frutti di bosco, bardana, coriandolo, prezzemolo, daikon, ortica. Evitare carne/grassi e cibi trattati.
Ulcere gastriche	Succo di cavolo rosso, riso integrale, verdure bollite, kichari, tutti i cibi alcalinizzanti. Evitare grano/spezie piccanti/caffeina/alcol/zucchero raffinato.
Vomito/ nausea	Acqua di riso, zenzero, menta, miele.

Conclusioni

Ed egli sapeva che il cibo era Brahman.
Tutti gli esseri nascono dal cibo,
vivono grazie al cibo
e ritornano nel cibo.
– Taittiriya Upanishad 3.2

Amma ci ricorda costantemente che non siamo il corpo, ma l'Atma (il Sé Supremo). Allora perché dovremmo mangiare sano? Questi corpi sono i veicoli della nostra anima. Come non metteremmo benzina mista a rifiuti nella nostra macchina, allo stesso modo dovremmo valutare quale carburante mettiamo nel veicolo della nostra anima.

Al tempo stesso, non dovremmo prendere così seriamente la nostra dieta da perdere un senso di gratitudine per il cibo che riceviamo. I nostri pensieri e l'atteggiamento che abbiamo mentre mangiamo influenzano la digestione quanto il cibo stesso. È una benedizione avere cibo a sufficienza che ci nutra e ci fornisca l'energia necessaria perché milioni di persone non ne hanno.

Abbiamo infinite potenzialità per guarire noi stessi e il pianeta attraverso semplici cambiamenti nelle nostre abitudini alimentari. Amma ci ripete spesso che Madre Natura si trova in uno stato di grave disequilibrio e ci esorta costantemente a ripristinare l'armonia perduta. Che la Sua Grazia aiuti tutti noi a trovare quell'equilibrio, internamente ed esternamente.

Om brahmarpanam
brahma havir brahamagnau
Brahmana hutam
brahmaiva tena gantavyam
Brama karma samadhina

Brahman è l'oblazione,
Brahman è l'offerta di cibo,
offerto da Brahman nel fuoco di Brahaman,
Brahman è ciò che deve essere conseguito
in perfetta unità (samadhi)
con l'azione di Brahman.
– Bhagavad Gita, 4:24

Om Lokah Samastah Sukhino Bhavantu
Possano gli esseri di tutti i mondi essere felici!

Letture consigliate

Ayurvedic Healing: A Comprehensive Guide (David Frawley)

Ayurveda: The Science of Healing (Vasant Lad)

Ayurvedic Cooking (Vasant Lad)

Diet for a New America (John Robbins)

Diet for a New World (John Robbins)

Healing with Whole Foods (Paul Pitchford)

Prakriti (Robert Svoboda)

Quantum Healing (Deepak Chopra)

Vegan Fusion (Mark Reinfeld)

Why Vegan? (visit www.VeganOutreach.com)

Yoga and Ayurveda (David Frawley)

www.ingramcontent.com/pod-product-compliance
Lightning Source LLC
Chambersburg PA
CBHW070626050426
42450CB00011B/3131